地域ガバナンスシステム・シリ

アメリカ公共政策大学院の認証評価システムと評価基準

― NASPAAのアクレディテーションの検証を通して ―

早田　幸政
著

公人の友社

もくじ

はしがき …………………………………………………………… 3

1 我が国公共政策系大学院に対する
　　認証評価システム、第三者評価システムの不在 …… 6

2 アメリカにおける
　　アクレディテーションの仕組みとその意義 ………… 9

3 「全米公共政策系大学・大学院協会（NASPAA）」の
　　アクレディテーション・システム ……… 12

4 NASPAAのアクレディテーションの
　　改革方向を展望しつつ　－結びにかえて－ …… 50

　資料1　NASPAA基本規程 ………………………………… 57
　資料2　公共政策分野における
　　　　　専門職修士学位プログラムの評価基準 ……………… 69
　資料3　自治体経営教育のガイドライン ………………… 81
　資料4　アクレディテーションの方針
　　　　　― 同僚評価/アクレディテーションに関する
　　　　　　方針と手続 ― ……………………………………… 97
　資料5　訪問調査時の
　　　　　インタビュー対象者別聴取り調査事項一覧
　　　　　……………………………………………………… 116

はしがき

　今日、「官」主導の下で、需給調整が図られてきた従来型の統治手法に対して抜本的な見直しが図られ、自由な競争環境を政策的に創出する中で、従来「公」の分野と看做されてきた分野・領域に市場原理を導入し、予め設定した評価システムの運用を通じ、最適なサービス提供を「市場」の判断に委ねるという新たな統治手法が跋扈している。
　こうした統治手法の変革の中にあって、公権力体が、社会へのアカウンタビリティの履行を前提に、公共目的を担う多様な組織や個人と協働して、国民や地域住民の需要に適った役務の提供を効果的、効率的に行うことが、従来にも増して求められている。同様の視点からの国際貢献も強く求められている。
　そのような公共分野で、活動を行うことができる高度専門人材の育成を任とした高等教育プログラムを提供する教学単位として、社会の期待を一身に担っているのが「公共政策大学院」と呼ばれる教育研究組織である。このうち、専門職大学院設置基準に依拠した専門職学位課程としての公共政策大学院は、公共政策にかかる分野・領域において指導的役割を果しうる高度の専門的な知識・能力を学生に涵養することを目的とする高度高等教育組織で、そこではとりわけ、理論と実務を架橋する専門職業人教育に意が注がれる。
　ところで、学校教育法は、専門職学位課程の大学院に対してはその役割の重要性に鑑み、質保証を十全に行うべきであるとの観点から、認証評価の受審を一律に義務づけている。
　ここにいう「認証評価」とは、文部科学大臣が、法令上の一定の要件を具

備しているとして認証した「認証評価機関」が掌る評価を、大学が定期的に受審し、その結果が社会に公にされるとともに、文部科学大臣にも報告される仕組みのことを言う。　認証評価には、大学を全体として包括評価するもので、7年周期で行われる「大学機関別認証評価」と、専門職学位課程を対象に5年周期で行われる「専門職大学院認証評価」の二種が存在する。このうち、専門職大学院認証評価とは、それぞれの専門職大学院の基礎となる専門分野毎に設置される当該分野固有の認証評価機関の実施する認証評価を指す。

　ところが、専門職学位課程としての公共政策大学院については、学校教育法上の法令義務を履行すべく、専門職大学院認証評価を受審しようにも、公共政策教育分野固有の認証評価機関が我が国には未だ存在しないのである。

　そもそも、我が国認証評価制度は、アメリカのアクレディテーション・システムを範としたもので、専門職大学院認証評価は、同国の「専門分野別アクレディテーション（specialized accreditation）」に対応させたものである。アメリカにおいて、公共政策分野の高度専門職業人養成大学院プログラムのアクレディテーションを掌っているのが、「全米公共政策系大学・大学院協会（NASPAA）」である。

　本ブックレットは、公共政策を担う高度職業人を養成する大学院の質保証の領域で多大な実績を積み重ねてきたNASPAAのアクレディテーションに関わる基準と手続を提示し、その意義の検討を行おうとするものである。また、併せて、NASPAAの最近のアクレディテーション・システムの改革動向の把握・分析を行うことも目指している。

　こうしたNASPAAの先進事例を制度面から考察し、同システムの意義やアメリカ公共政策大学院の評価基準のあり方の検証を希求した本ブックレットが、公共政策を対象とする大学院教育に固有の認証評価機関が未整備であるという我が国の現下の状況の下、同分野に特化した認証評価の仕掛け構築に向けた些かの貢献につながれば、望外の幸せである。

　最後に、本ブックレットの上梓にあたり、この企画を熱心に推進してくだ

さった龍谷大学LORCの富野暉一郎先生をはじめ、LORC事務局のＲＡ西原京春さんと、編集の労をとってくださった公人の友社の武内英晴氏に、深く感謝の意を表したい。

2008年3月

早田　幸政

1　我が国公共政策系大学院に対する認証評価システム、第三者評価システムの不在

　我が国大学における学士課程及び大学院課程の教育研究の質を保証し、一層の改善を促すため、学校教育法第69条の3の規定に基づき認証評価制度が確立されている。同法は、大学を包括的に評価対象とする大学機関別認証評価に加え、専門職大学院に特化して評価を行う専門職大学院認証評価をも制度化している。すでに、大学機関別認証評価は実施に移され、専門職大学院認証評価についても法科大学院に対するものは、実施段階にある。また、ビジネス・MOT系大学院、会計大学院の専門職学位課程についても、当該専門分野の基礎となっている学協会等の努力で認証評価の実施に向けたシステムづくりが急ピッチで進められている。しかしながら、専門職学位課程において法科大学院、ビジネス・MOT系大学院、会計大学院に次ぐ数の専門職学位課程を有する公共政策系大学院については、未だ認証評価の仕組みづくりの検討すら十分に行われていないのが実情である。

　また、中央教育審議会答申「新時代の大学院教育－国際的に魅力ある大学院教育の構築に向けて－」では、大学院教育の専門性に沿った専門分野別大学院評価の提言もなされている。このことは、専門職学位課程のみならず、専門分野別大学院評価の一環として、高度人材育成を教育目的に掲げる従来型の大学院課程においても、「人材の育成」という共通の尺度から、専門職学位課程同様の第三者評価を行うシステムの構築に向けた動きが必至な情勢にあることを暗示している。

　こうした点に鑑み、制度上の要請として、専門職学位課程に位置する公共

政策系大学院に対しては専門職大学院認証評価の受審が必要であることに加え、専門職学位課程とは異なる大学院設置基準に基づく従来型の公共政策系大学院に対しても、当該大学院の標榜する公共人材育成目的・目標に即して、その組織・活動全般につき第三者評価を通じて検証することが必要となってきている。

　公共政策系の専門職学位課程に対する認証評価機関不在というある種の異常事態をも踏まえ、そこでの十全な質保証を確保していく必要性から、認証評価体制の確立を求める文部科学省関係者の有力な意見も提起されている。具体的には、そうした認証評価機関不在の分野においては、まず、大学が中心となって、関係業界、職能団体と連携しつつ、教育内容・方法の体系化を急ぐと共に、それらを基礎に評価基準を策定し、認証評価機関の設立など評価体制の確立を図り、評価環境の一層の充実・発展を図る必要を強く訴えている。

　ここで、先行的に専門職大学院認証評価が実施されている法科大学院に対する同システム確立の経緯、そして、ビジネス系大学院や会計大学院に対する認証評価に係るシステム確立に向けた経緯を、既に公表された幾つかの文書で見る限り、認証評価の仕組み構築に向けた両者の検討プロセスに大きな共通項があることに気付かされる。すなわち、いずれの検討プロセスでも、諸外国の大学教育プログラムに対する質保証のシステム、とりわけアメリカの当該専門分野の教育の質保証を行うアクレディテーションの仕組みについて周到な検討がなされてきているという点を見逃すことはできない。具体的には、法科大学院の認証評価システムの確立に当っては、「全米法曹協会（American Bar Association）」に置かれ、ロー・スクールの第三者評価を具体に担当している「法曹養成教育・法曹加入認定評議会（Council of the Section of Legal Education and Admissions to the Bar）」の定めた評価基準・評価手続の検討が行われ、その成果物も刊行された。現在我が国では、ビジネス系大学院や会計大学院に関する認証評価システムの構築に向けた検討は急ピッチで進められているが、ここでも、アメリカにおいて、ビジネス大学院、会計大学院

の第三者評価を専門に扱う「国際ビジネス大学院協会(The Association to Advance Collegiate Schools of Business International)」の評価基準や評価手続の調査研究が行われている。

　本章では、公共政策系大学院に対する第三者的質保証システムの不在という看過できない事態に対し、上記のような法科大学院やビジネス・会計大学院の認証評価システム構築に向けた検討の経緯を念頭に置きつつ、アメリカにおいて公共政策系大学院に対する第三者的質保証の一であるアクレディテーションを独占的に担っている「全米公共政策系大学・大学院協会(National Association of Schools of Public Affairs and Administration)」(以下、NASPAAと略記)の評価基準、評価手続の検討を、NASPAA公表の公式文書を手がかりに行っていくこととする。

2　アメリカにおける
　　アクレディテーションの仕組みとその意義

　ここで、まず、アメリカの高等教育界における権威ある第三者評価として定着し、高等教育の質をその根底において支えているアクレディテーションの仕組みとその意義について瞥見しておくこととする。
　アメリカ高等教育界に定着している「アクレディテーション」は、高等教育機関の設置認可が比較的緩やかであるという制度条件の下で発達した仕組みで、民間主導で行われ、とりわけ個別の高等教育機関や教育プログラムの発展支援に意が注がれる点に特徴がある。そこには、「高等教育市場」において「消費者」の選択に資するような有効な情報提供機能の有効活用への期待も込め、高度に自立したシステムとしてアクレディテーションの意義づけがなされている。この点をさらに見ていくこととする。
　アメリカでは、自立的な大学団体もしくはプロフェッションを基礎とする高等教育関連団体が自身の定立する基準に拠り、個別高等教育機関や教育プログラムを評価し合否判定を行うことを通じ、その質を保証し改善支援することを内容とする「アクレディテーション（accreditation）」の仕組みが発達している。アクレディテーションは、非政府組織が担うものとされピア・レビュ（同僚評価）の視点が重視されている点に特徴がある。アクレディテーションには、高等教育機関を一つの単位として行う「教育機関別アクレディテーション（institutional accreditation）」と教育プログラム単位で行う「専門分野別アクレディテーション（specialized accreditation）」の二種がある。また、アクレディテーションには、アクレディテーション団体によりアクレディット

された当該高等教育機関もしくは当該教育プログラムの「地位」という意味合いも含まれている。

一方、評価機関であるアクレディテーション団体の多くが、組織上、活動上の有効性と権威を保持するため、公的色彩を有する外部評価を定期的に受け、当該外部機関の「認証（recognition）」を得ている。この認証活動は、連邦教育省（U.S.Department of Education, USDE）と、大学や各種アクレディテーション団体で構成される「高等教育アクレディテーション協議会（Council for Higher Education Accreditation, CHEA）によって担われている。

とりわけ、連邦政府による学生奨学金の受給を可能ならしめる高等教育機関を認定する評価団体となるためには、USDEの定期的な認証を得ることが不可欠である。ちなみに、「専門分野別アクレディテーション団体」の一として、公共政策系大学院のアクレディテーションを掌るNASPAAは、CHEAによって認証されている。

我が国の認証評価制度も、アメリカの上述の仕組みに範を得て確立されたものとも思慮されるが、アメリカでは「認証」行為を行う主体が、連邦教育省と大学人で構成されるNPO組織の2種存在すること、「認証」を受ける評価機関は必ず民間機関でなければならないこと、などの点において、国の関

〈表1〉　機関別アクレディテーション団体に対する認証の状況　（2006年2月現在）

認証の主体 教育機関別アクレディテーション団体の種類	USDE、CHEA双方による認証	USDEによる認証	CHEAによる認証	以前、USDEのみより認証	計
地区基準協会	8（注）	―	―	―	8
全米横断的教育機関別基準協会	6	5	―	―	11
合　計	14	5	―	―	19

（注）ニューイングランド地区の技術者教育機関認定基準協会、西部地区の短期大学基準協会の各1を含む。

与する割合が相対的に高い我が国の認証評価制度との間には相当程度の乖離がある。
　なお参考として、下に、教育機関別アクレディテーション団体、専門分野別アクレディテーション団体の別に、USDE、CHERによる認証の状況を示すこととする。

〈表2〉専門分野別アクレディテーション団体に対する認証の状況（2006年2月現在）

認証の主体 専門分野別アクレディテーション団体の活動分野	USDE、CHEA双方による認証	USDEによる認証	CHEAによる認証	以前、USDEのみより認証	計
法学・経営学系	―	1	3	―	4
サービス学系	2	―	1	―	3
教員養成・語学系	3	2	―	―	5
図書館学系	―	1	1	―	2
技術者教育・建築学系	―	1	6	1	8
理学・薬学系	1	2	―	1	4
医・歯学系	2	2	―	―	4
看護学系	3	3	1	―	7
作業療法士・理学療法士養成系	8	1	1	―	10
公衆衛生・医療行政・カウンセラー養成系	2	1	3	1	7
生活科学系	1	―	2	―	3
芸術系	4	―	1	―	5
宗務系	―	1	―	1	2
その他	―	―	2	―	2
合計	26	15	21	4	66

〈表1〉〈表2〉のいずれも、"Recognized Accrediting Organizations (as of February,2006)(http://www.chea.org/default.asp)より作成。

3 「全米公共政策系大学・大学院協会（NASPAA）」のアクレディテーション・システム

（1）NASPAAのアクレディテーション実施の経緯

　アメリカ高等教育界で、アクレディテーションが議論の俎上に載ったのは、高等教育機関の急激な拡大とこれに伴う教育の混乱が惹起された19世紀後半のことであった。この時期、アクレディテーションは、州立大学による中等学校の「認定」という方式の模索の中で概念構成がなされ、現在のニューイングランド地区基準協会（New England Association of Schools and Colleges）、北中部地区基準協会（North Central Association Commission on Accreditation and School Improvement）といった地区基準協会設立の導火線となった。とりわけ、北中部地区基準協会は、大学への入学要件の州際的な統一化を目指し、アクレディテーションに着手することとなった。
　さらに、1960年代から1970年代にかけて、アメリカでは、数的にも、種類・性格の側面に照らしても、高等教育機関の種類・内容は豊富かつ多様化していった。そして、専門単科大学や職業技術専門学校の果たす役割も重視されていった。こうした高等教育機関の豊富化、多様化といった状況の中で、公共政策系の学士課程プログラム、高度人材育成を指向する公共政策系大学院学位プログラムも、漸次数を増やしていったものと思われる。しかしながら、上記のような高等教育機関の豊富化、多様化に伴い、各地区基準協会は、伝統的な大学・カレッジとこうした新たな高等教育機関を等価的に比較し、質保証を行うための仕組みの開発に迫られることとなった。こうした状況に

対処すべく、上記・北中部地区基準協会は、「アクレディテーション基準（Criteria for Accreditation）」に加え、新たに「加盟最低要件（Coditions for Eligibility）」を採択し、アクレディテーションを受審する上で共通的に必要とされる最低要件を備えていることの確認を、新規の評価基準を用いて厳格に実施することとなった。

　アメリカ高等教育界において、このような大きな変化の波が押し寄せてきた最中の1977年、公共政策系大学・大学院を置く高等教育機関からなる会員制非営利組織であった「全米公共政策系大学・大学院協会（National Association of Schools of Public Affairs and Administration、NASPAA）」は、公共政策に係る修士学位もしくは同学位につながる教育プログラムをピア・レビュー方式で自立的に評価する仕組みの導入を決定した。同年、NASPAAは、「公共政策分野における専門職修士学位プログラムの評価基準（Standards for Professional Master's Degree Programs in Public Affairs, Policy and Administration）」を採択した。そして、NASPAAは、公共サービスに関する高等教育の継続的な改善と質の向上を促進することを目的に、ピア・レビュー方式による教育プログラム評価に着手した。

　1983年、NASPAAは、公共政策に係る修士学位をアクレディットする「専門分野別アクレディテーション機関（specialized accreditation agency）」としての認証を受けるため、「中等後教育アクレディテーション協議会（Council on Postsecondary Accreditation、COPA）」（この組織は、その後、解散）に、認証申請を行う旨決定した。1986年10月3日、COPAの理事会は、NASPAAを、専門分野別アクレディテーション機関と一として「認証（recognition）」した。1993年、COPAに替わり、「中等後教育アクレディテーション認証委員会（Commission on Recognition of Postsecondary Accreditation, CORPA）」が登場したが、CORPAもほどなく解散し、1996年、「高等教育アクレディテーション協議会（Council on Higher Education Accreditation, CHEA）」が新たに立ち上げられた。NASPAAは、CHEAによる認証を受ける中で、1991年、1996年、2003年にそれぞれ認証資格を更新した。

NASPAAの評価基準の適用を通じて、公共政策系修士学位プログラムをアクレディットする機関は、NASPAA内に設置されている「同僚評価/アクレディテーション委員会（Commission on Peer Review and Accreditation、以下、COPRAと略記する）」である。COPRAの審査プロセスでは、後に詳述する如く、公共政策教育の卓越性の確立に向け、多様なミッションやアプローチの方法が存在することを承認し、そのミッションをどう成就させるかという視点から、評価基準の柔軟運用に意が注がれている。COPRAは、アクレディテーションに関わる総合判定を行うに当っても、評価基準への適合性のほか、教育プログラムの質の評価に当り当該教育プログラム固有のミッションの妥当性とその実現状況を総合的に斟酌する。

　2007年10月現在、NASPAAは、およそ270の会員大学で構成されており、そのうちの約6割の161の教育プログラムがCOPRAによりアクレディットされている。

（2）　NASPAAの組織原理と経営・管理体制

　NASPAAは、1977年2月23日に設立されたコロンビア特別区管轄下の非営利法人で、相互互恵的に学術、科学の発展に貢献し、公共政策分野の教育改善に寄与することを目的としている。

　上記目的を達成するために、NASPAAは、次のような活動を展開するものとされている。

A　会員校間の連携・協力を推進すること。また、会員校と、同種の目的を掲げる海外の高等教育機関との間の連携・協力を推進すること。
B　会員校にサービスを提供すること。
C　カリキュラム開発や教育改善を支援し、教育上の諸課題を議論するためのフォーラムを催すこと。
D　教育プログラムに関する適切な基準を策定し、そうした教育プログラ

ムの質を検証すること。
- E　公共政策に係る教育を基礎づける研究の活性化を図ること。
- F　政府及び他の機関に対し、公共政策に係る教育の目的とその必要性の主張の代弁者となること。
- G　政府と連携して、諸種のプログラムを推進すること。
- H　助成金を受入れたり、契約を締結すること。
- I　公共政策に関する教育を受ける機会並びにそうした教育と直結する職業に就く機会が、全ての人に平等に保障されるよう、支援を行うこと。
- J　公共的活動を高い水準に維持出来るよう、支援を行うこと。

NASPAAは、会員制の団体である。

NASPAAのメンバーシップには、上述の如く、正会員と賛助会員の二種がある。

正会員となるための基礎的な要件としては、まず、公共政策分野の教育プログラムを開設している高等教育機関が、全米に所在する6つの「地区基準協会」のいずれかによってアクレディットされていること、が必要である。また、ここに言う「公共政策分野の教育プログラム」とは、「公共政策分野の第一専門職学位（first professional degree）課程」、「公共政策に係る専門教育を最重要と位置づけている学位課程」、「公共政策分野の準学士課程」のいずれかでなければならない。

一方、賛助会員となるための資格は、学位授与権を持つ海外の高等教育機関、政府機関、法人組織、財団、職能団体、学位課程を置いていない教育機関、研究機関、研修機関、その他NASPAAの活動目的に賛同する組織・団体に対して開放されている。

正会員及び賛助会員は、NASPAAに対する「代表者（principal representative）」を選任するものとされている。「代表者」は、その所属の高等教育機関に認められた全ての案件に係る評決に参加する権利を留保している。

メンバーシップの適格性に関する判断は、「理事会(Executive Coucil)」によっ

てなされる。理事会は、メンバーシップ保持に必要な要件を充たし得ていない高等教育機関、その義務（会費納入を含む）を履行し得ていない高等教育機関の会員資格を剥奪する。

但し、NASPAAのアクレディテーションを受審しないことや、これを受審したにもかかわらず、そこでアクレディットされなかったことのみを理由に、会員資格が剥奪されることはない。その意味において、NASPAAの組織原理に特徴的なこととして、会員資格とアクレディテーションの地位との関係に関し、直接的な連動性がない点に留意が必要である。

この点に関連して、アクレディテーションの地位を有することなく、NASPAAの会員にとどまることのメリットの一端を簡単に見ておくこととする。上述のように、NASPAAは、フォーラムの開催や諸種のサービス提供を通じ、公共政策分野の教育プログラムのカリキュラム開発や教育改善のための支援活動を行うことが明文化されている。こうした活動目的を具体的に実現するため、NASPAAは、"Pi Alpha Alpha"という異なる組織名称の下で、NASPAAに対する「代表者」を各地区の「支部」の「アドバイザー」に任じ、同地区内の公共政策分野の教育プログラムの改善・向上を支援する責務を果している。このことにより、公共政策分野の教育プログラムを開設している高等教育機関は、NASPAAの会員となることで、恒常的かつ直接的にNASPAAによる教育改善のための助言・指導が受けられる点に、NASPAAの会員となることへのメリットの一端を見出しているのである。

NASPAAにおける最高意思決定機関は、理事会である。

理事会は、会長（President）、副会長（Vice President）及び15名の理事により構成される。

会長、副会長の任期は、1年、理事の任期は、3年である。

役員の職は、年次総会において、NASPAAに対する「代表者」もしくはその指名に係る代理人による票決によって決定される。

理事会は、NASPAAの年次総会の折りに開催されるほか、理事会内部での協議に基づき、会長名で招集がかけられる。NASPAAに対する「代表者」も、

理事会への出席が可能である。但し、表決権の行使までは、認められていない。

理事会が決定した活動方針や業務を個別具体に遂行するのが、NASPAA事務局である。NASPAA事務局には、10名のスタッフが置かれている。「事務局長（Executive Director）」が事務局を統括する。事務局長は、理事会により、選任される。

年毎に、NASPAAに対する「代表者」もしくはその指名に係る代理人が参集する「年次総会（annual business meeting）」が開催される。年次総会の定足数は、会員総数の25％で、「代表者指名に係る」代理出席も有効である。

年次総会では、NASPAAによるアクレディテーションの結果が、議論の俎上に載せられ、過半数の賛成で承認される。NASPAAの組織・活動の基本を定めた「NASPAA基本規程」の制定・改廃も年次総会の承認事項である。アクレディテーション基準の改定案の審議・承認も、年次総会で行われる。

理事会の下には、その重要事項を審議するために各種委員会が置かれている。委員会には、常置委員会と臨時委員会の2種がある。

常置委員会として、「基準委員会（Standards Committee）」、「同僚評価／アクレディテーション委員会（Commission on Peer Review and Accreditation, COPRA）」、「財務委員会」の3つの委員会が置かれている。

このうち、「基準委員会」は、12名の委員で構成されている。委員の任期は、3年である。委員の選任は、NASPAAの副会長が行う。同委員会の主要な任務は、公共政策分野の修士学位プログラムに関するアクレディテーション基準を策定・維持していくことにある。また、理事会の指示を受け、修士学位プログラム以外の公共政策系教育プログラムの基準も策定する。

「同僚評価／アクレディテーション委員会」は、12名の委員で構成されている。委員の任期は、3年である。委員の選任は、副会長の推薦に基づき、理事会がこれを行う。隔年に選任される4名の委員の内、少なくとも1名は、理事会メンバーである。同委員会は、アクレディテーション基準に則り、公共政策分野の修士学位プログラムを審査・評価する重要な責務を担っている（この点については、後に詳説する）。理事会の指示により、修士学位以外の教育

プログラムの検証を行う場合もある。

　「財務委員会」は、9名の委員で構成されている。委員の任期は、3年である。委員の選任は、副会長によってなされるが、NASPAAの会長、副会長、元会長が、宛て職として委員を兼務し、表決に加わる。「財務委員会」は、NASPAAの長期的な財務方針に基づき、財務事項に関し、理事会に対して助言する責務を担っている。また、専門家の意見を聴取して、NASPAAの基本財産及び寄託された基金の運用を行う責務も担っている。同委員会はさらに、基本財産等の運用を通じ産み出された運用益のうち、予算へ繰り入れることが出来る額を、理事会に進言する（なお、理事会は、時宜に応じ、運用益を基本財産に組み入れることが出来る）。財務委員会は、最低1年に一度、基本財産運用に伴う収入額、投資額、支出額に関する正規の財務計算書を作成する。

　臨時委員会として、「カンファレンス企画委員会」その他の委員会がある。
　「カンファレンス企画委員会」は、NASPAAが、1年に一度開催するカン

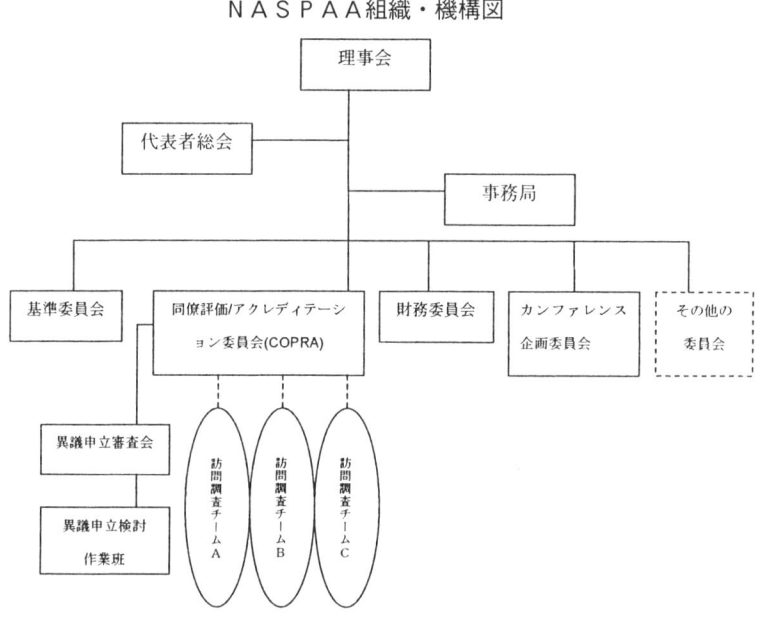

NASPAA組織・機構図

ファレンスのプログラムを企画する。委員会委員、委員長の選任権は、会長に帰属している。

　会長は、「カンファレンス企画委員会」以外の臨時委員会を設置する権限を有しており、理事会に対し、そうした理事会の設置期間、審議事項について報告を行う。臨時委員会が、2年を超えて置かれることはない。

（3）NASPAAのアクレディテーション基準

　NASPAAのアクレディテーション基準の正式名称は、「公共政策分野における専門職修士学位プログラムの評価基準（Standards for Professional Master's Degree Programs in Public Affairs, Policy and Administration）」である。
　NASPAAのアクレディテーション基準は、この正式名称にあるように、公共政策分野における高度専門職業人養成を指向する修士学位プログラムの準則としての意義を有している。具体的には、"Master of Public Administration（MPA）"や"Master in Pnblic Policy（MPP）"といった「第一専門職学位(first professional degree)」を授与する大学院教育プログラムがこれに該当する。さらにそれは、NASPAAの下に置かれたCOPRA（同僚評価/アクレディテーション委員会）がアクレディテーション活動を行う際の審査・評価のための基準として機能する。すなわち、NASPAAのアクレディテーションは、同基準の適用を通じて具体化されるのである。
　本基準の大きな特質は、公共サービスに従事する人々のため、高質の専門職業人教育を確保すべく、カリキュラム開発とその提供手段における柔軟性と斬新性を保証している点、各教育プログラムが、公共政策教育における卓越性を獲得するため、多様なミッションやアプローチの方法をとることを認め、幅のある適用を可能とする「規定ぶり」となっている点、に見出される。NASPAAのアクレディテーション基準が、各教育プログラムの個性を尊重するという指向性を有していることと相俟って、COPRAは、アクレディテーションに係る総合判定を下すに当り、基準への厳格な適合状況、教育プログ

ラムの全体的な質の判定、教育プログラムのミッションの固有性、を全体として評価する。

アクレディテーション基準は、以下の9分野に亘って規定されている。

(a) ピア・レビューを受ける上での教育プログラムの基本要件
(b) 教育プログラムのミッション
(c) 教育プログラムの管理運営
(d) カリキュラム：共通コアと専門科目
(e) 教員団
(f) 学生の入学
(g) 学生サービス
(h) 支援的サービス及び施設・設備
(i) オフ・キャンパス・プログラム及び遠隔教育プログラム

次に、各分野毎に、アクレディテーション基準の概要を瞥見していくこととする。

(a) ピア・レビューを受ける上での**教育プログラムの基本要件**（基準１）

NASPAAのアクレディテーションを受審するための基本要件は、アクレディテーションに係る審査・評価を受けようとする教育プログラムを設置する高等教育機関が「地区基準協会（regional accrediting association）」により、「大学機関別アクレディテーション（institutional accreditation）」に係る適格認定を受けていること（基準1.2）、教育プログラムの目的が、公共政策分野でリーダーシップを発揮しマネジメントを行う人々を養成する職業人教育を標榜していること（基準1.3）、教育プログラムとしての活動実績が、4年以上あること（基準1.4）、の三点である。

(b) 教育プログラムのミッション（基準２）

各教育プログラムは、教育上のミッションを明確化すると共に、当該ミッション並びにその保有する資源等と整合する将来発展のプロセスを確立するよう求められている（基準2.1）。また、教育プログラムに対し、当該教育プログラムの目的の達成状況と学生のパフォーマンスの評価を義務づけている（基準2.2）。

(c)　教育プログラムの管理運営（基準3）

　公共政策に係る教育プログラムを効果的に運用していくため、当該教育プログラムに対応する教員団と管理組織が、それぞれの専門職修士学位プログラムに対して責任を負う体制が確立されていることが必要とされる（基準3.1）。ここに言う「教育プログラムに対応する教育体制」とは、公共政策に係る専門職修士学位プログラムに「明確に対応する」教員団が置かれるべきこと、その教員団が、当該学位プログラムに対する「第一次的責任」を負っていること、を意味している（基準3.2）。また、上記「管理組織」とは、「部長（dean）」、「学科長（chairperson）」などといった単独の管理スタッフを指している（基準3.3）。

　上記教員団、管理組織は、当該教育プログラムを設置している高等教育機関の組織・手続の枠組みの中で、以下のような事項について第一的判断権を行使するものとされている（基準3.4）。

・教育プログラムに関する一般方針と将来計画。
・学位授与の要件。
・新たなコースの設定とカリキュラムの改訂。
・入学。
・学位志願者に対する学位授与保証書。
・コースの実施スケジュールと教員の授業負担。
・財的資源及びその他の資源の活用法。
・教育プログラムに関わっている教員の選任、昇格、テニュア（終身在職権）の授与。

(d) カリキュラム：共通コアと専門科目

　共通カリキュラム、補充的カリキュラムの構成要素は、当該教育プログラムのミッションとも調和し得るような「学生一般に求められるコンピテンシー（studennts general commpetencies）」との関連において、開発されるべきものとされている。そうしたコンピテンシーとして、NASPAAのアクレディテーション基準は、所要の知識を基礎に主体的に分析を行う能力、コミュニケーション能力、活動能力の3つを挙げている。そして、カリキュラムの構成要素は、それらの質及び当該教育プログラムのミッションとの整合性において、検証に付されることが必要とされている（基準4.2）。

　カリキュラム修得のアウトプットとしての学位授与のための基本要件として、教育上のバックグラウンドや実務経験が皆無か皆無に等しい学生は、フルタイムで2年間の学修をすべきこと、高質の実務経験を経た学生に対しては、修了要件の減免措置を講ずることも可能であること、但し、その場合であっても、正規の教育課程で、インターンシップ期間を除き、フルタイムで1年間の学修に従事しなければならないこと、などが定められている（基準4.3）。

　教育プログラムには、必ず、「インターンシップ」を組み込むべきものとされている。そして、各教育プログラムには、その実施において、所要の教学上の配慮を行うべきこと、を義務づけている（基準4.4）。

(e) 教員団（基準5）

　公共政策分野の専門職修士学位プログラムには、その運営に専念できる充分な数の核となるフルタイム教員を置くべきこと、その数が5名を下回ってはならないこと、を強く求めている。また、それらの教員による当該教育プログラムの教育、研究、サービス活動への関与の状況も具体的に明らかにするよう求めている。さらに、カリキュラム中に展開されるコースの50％以上、共通カリキュラムの構成要素をカバーするコースの50％以上を、当該教

育プログラムを開設している高等教育機関のフルタイム教員が担当すべきものとされている（基準5.1）。

公共政策分野の専門職修士学位プログラムのフルタイム教員の75％以上が、博士学位もしくは博士学位と等価値的な当該分野の最終学位を保持するものとされている（基準5.2）。

公共政策分野の専門職修士学位プログラムの運営において、実務家の関与は必須要件とされ、その関与の状況を具体的に明らかにするよう求めている。また、実務家がコースを担当している場合、彼らの学術的な資質・能力、専門職業人としての実績、教育能力に問題がないことも明らかにしなければならない（基準5.3）。

教員の質の適切性は、教育上の実績、研究業績、専門職業上の実績や公共サービス活動との関連の中でも検証すべきものとされている(基準5.4)。

マイノリティ、女性、障害を持つ人々を一定割合、教員として採用するなど、教員構成の多様性に配慮することも強く要請している（基準5.5）。

(f) 学生の入学（基準6）

入学者の資格・能力、入学者受け入れ方針、入学要件は、明示され社会に公表すべきものとされている。また、学生の入学許可に当っても、教員の場合同様、その構成上の多様性に配慮すべきものとされている（基準6.1）。

入学のための基礎的要件は、「地区基準協会」によってアクレディットされた大学から授与されたバカロレア学位の保持者であること、である。アメリカ以外の大学を卒業した志願者に対しては、別異の配慮がなされてよいものとされる（基準6.2）。

入学の扉は、公共政策分野の専門職修士学位プログラム及び公共サービス分野において成功を収める優れた潜在的能力を示した志願者に対して開かれている。入学許可に関する最終判定は、将来公共サービスに携わる専門人材の質を高めるという目的の下に行われるべきで、単一の測定尺度によってではなく、複数のインディケータ（入学適性試験の結果、学士課程在籍時のGPA、

過去の職業実績に対する質の評価など）の組み合わせを基礎にこれを行うべきもの、とされている（基準6.3）。

(g)　学生サービス（基準7）
　学生が、入学から修了までの間、教育上のアドバイスやキャリア・ガイダンスに接することが出来る状態にあること、が必要とされている（基準7.1）。
　同時に、公共政策分野への就職支援サービスを行うことも、求めている（基準7.2）。

(h)　支援的サービス及び施設・設備（基準8）
　公共政策分野の専門職修士学位プログラムとして、充分な財的資源を保有するよう求めている（基準8.1）。
　また、全ての学生と教員が図書施設・資料とサービスに充分アクセス出来なければならず、必要な図書資料の選定に当たり、教育プログラムの専任教員が重要な役割を演ずべきものとされている（基準8.2）。
　このほか、充実した事務支援体制の整備、教育用機器の整備が要請されている（基準8.3,8.4）。

(i)　オフ・キャンパス・プログラム及び遠隔教育プログラム（基準9）
　「オフ・キャンパス・プログラム及び遠隔教育プログラム」とは、当該教育プログラムのメイン・キャンパス以外の場所もしくは建物の一角に学生が在籍している、学生が、物理的に近い距離にいる教育スタッフと、常時、対面式で授業を受けてはいない、といった教育プログラムのことを指すものとされている。そして、異なるミッションや異なる学生層の需要に応じ、メイン・キャンパスが用意した異なる教育テクノロジーや学習手段を活用する場合、そうした教育プログラムに対し、下記のような情報を社会に提供する責務が課されている（基準9.1）。

・提供されている教育の中味が、当該教育プログラムのミッションと如何に整合し、かつどの程度その実現に寄与しているか。評価及びガイダンスのプロセスは、そこで提供されている教育が、メインキャンパスのそれと等価であることを担保しうるものとなっているか。
・学生、教員、管理スタッフ、システム、プロセス及びプログラムの保有する資源の配置状況がメイン・キャンパスのそれと異なることで、いかなる影響が生じているか。
・上記のような違いに伴い、授業を受けている学生の所在地がどこであるかを問わず、アクレディテーションの地位を欲している教育プログラムに在籍する全ての学生が享受する教育に対し、どのような差異がもたらされているか。

　このほか、ここでは、「プログラムのミッション、評価、及びガイダンス」、「教育プログラムの管理・運営」、「カリキュラム」、「教員団」、「学生の入学」、「学生サービス」、「支援的サービス及び施設・設備」といった領域について、メイン・キャンパスもしくはオン・キャンパスの場合に準じた詳細な規定が設定され、教育の質の確保と学生消費者保護のための手段が講じられている（基準9.2-9.8）。

　NASPAAのアクレディテーション基準は、公共政策分野の修士学位プログラムの十全な質の確保を図るため、1977年11月にコロラドスプリングスで開催された年次総会で承認されて以来、10次に亘り改定がなされてきた。最も新しい改定は、2004年10月である。
　現在、現行のアクレディテーション基準の見直しが行われており、順調にいけば、2009年秋の年次総会で新たな改定がなされる予定である（新たな改定方向については、後述）。

(4)「自治体経営教育」に関するガイドライン

① ガイドラインの目的・意義

NASPAが、アクレディテーション基準の適用を通じ、教育プログラムの審査・評価を行っていくに当り、高度公共人材育成目的に応じた教育内容・方法に関するいくつかのガイドラインが参考に供される。「自治体経営教育」に関するガイドラインも、そうしたガイドラインの一つである。

公共政策系教育プログラムの人材育成目的は、連邦政府や州政府のスタッフ養成、自治体のスタッフ養成、地域のNPO/NGOのスタッフ養成などと多様であり、ここに、自治体の専門スタッフ養成固有の修士学位プログラムに対する参考的な評価指針の起草を必要とする所以がある。

「自治体経営教育」に関するガイドラインは、1992年、NASPAAが国際自治体経営協会（International City/County management Association, ICMA）と共同で開発したものである。

本ガイドラインは、「自治体経営（local government management）」に従事する専門職スタッフを、地域の生活を擁護しその質を高めることに身を捧げ、民主主義の庇護の下にある地域住民と共に、自治体における民主主義の理念の尊重・発展のために貢献する高度専門職業人として位置づけている。その上で、こうした理念に支えられた専門職が効果的に職務を遂行し得る方策として、第一に、そうした専門職に就こうとする人々に対し、そのための養成教育を行う大学との密接な連携関係を追究・構築していくこと、第二に、現場の専門職も、学生に対し、民主主義の政治的価値原理を植えつけ、専門的な知識・技術を習得させ、当該専門職の目的・理念の遂行を可能ならしめるよう、そのための教育プログラムの開発に際し、大学と共同してその営に当ること、が必要不可欠と本ガイドラインは指摘している。

本ガイドラインは、このガイドラインの活用の仕方として、それが、アクレディテーションやサーティフィケーションの判断の際に直接適用されるこ

とを企図したものでも、自治体経営者教育における単一モデルの提示を行ったものでもないと主張する。そして、本ガイドラインの意図するところが、自治体における経営・行政に役立つような教育内容・方法を開発しようとする教育プログラムに対し、一の指針を提供することにあること、を強調する。

② カリキュラム

　ここで第一に強調されていることは、自治体経営分野における専門職業人養成カリキュラムは、公共政策に関する専門職修士学位プログラムに関するNASPAAのアクレディテーション基準を基礎に設計されなければならない、ということである。

　また、NASPAAが提示するカリキュラムに包含されるコースが、自治体経営に関するコア・カリキュラムとして同時的に機能し得るためには、自治体を取り巻く環境・条件の独自性・固有性に配慮した内容のものにすることの必要性も強調されている。

　そして、NASPAAのアクレディテーション基準におけるコア・カリキュラムの要件が、高度専門職業人としての自治体経営者にとって必要とされる「知識・能力」をカバーし得ていることを首肯しつつ、これをさらに、専門科目を修める前提としての自治体経営固有のコア・カリキュラムに再編していく必要性をも示唆している。

　本ガイドラインは、自治体経営分野のカリキュラムでは、自治体経営者が地域社会に生起する諸問題に絶えず注意を払う必要があるという点で、変化に機敏であること、諸問題の解決に向け、率先して解決の模索を行うと共に、民主的政治プロセスにとって必須とされる自治体行政官の役割を充分認識しながら行動すべきこと、に重点を置いて、その編成を行うことが基本であるとする。そして、本ガイドラインは、NASPAAのカリキュラムに係るアクレディテーション基準には、上記カリキュラムを通じて涵養すべき、そして上記視点に立脚した「必要不可欠の知識」として、以下に列記されるものが含意されるべきである、と説明する。

・経営と行政
・住民への責任と地域政治
・政策形成と政策分析
・行政を支える価値原理
・行政官として保持すべき倫理観
・市民参加と地域住民との関係
・自治体横断的な諸関係
・政府立法機関との関係
・計画策定行為
・自治体立法
・都市経済政策
・都市の占める領域
・人事管理
・財務会計及び財政運営
・地域住民の生活の向上
・人間・社会サービス
・人種及び民族の多様性

　本ガイドラインは、自治体行政官に求められる経営上のスキルとして、NASPAAのアクレディテーション基準に列記されているスキルの全てが該当する、と説く。そして、さらに追加的に、ガイドラインは、以下のようなスキルの涵養を、自治体経営者教育に対して求めている。

・政治的視点からの分析力
・合意形成と紛争解決の能力
・将来戦略計画の策定能力
・組織を設計・開発し経営する能力

・長期財政計画の策定能力
・情報技術を使いこなす能力
・情報を組織化し分析し評価する能力
・資源獲得能力
・マーケティング能力

③ 教員団

　本ガイドラインは、自治体経営教育の任に当たる教員団が、NASPAAの公共政策大学院に係るアクレディテーション基準に適合することを強く要請している。その上で、次に示す要件をもクリアすることを求めている。

・自治体経営教育を掌る教員団は、公共政策、政治科学、計画策定、社会学、経済学といった専門分野のフルタイム教員並びにフルタイムの自治体行政官で構成されるべきこと。両者何れも、自治体の現下の情勢や地域ニーズ、更には自治体の経営状況の把握の上に立って、常に先の見通しを持つことの出来る能力を身につけていること。公選オフィサーや市民組織のリーダー達に対しても、外部講師その他の教育要員として、当該教育プログラムと関わりを持ってもらうようにすべきこと。
・フルタイム教員は、専門職業人としての立場から、自治体に関与していることが理想であること。また、恒常的に、自治体経営に関する諸課題を対象とする研究に従事し、その研究成果を公表していくべきこと。フルタイム教員は、さらに、個々的に、自治体行政官との仕事上のつながりを維持すると共に、地域の政治集団に属する人々から提起される実務上の課題や倫理上の問題を、充分に認識しておくべきこと。
・パートタイム教員、任期付補助教員(adjunct faculty)も、実務経験等で培った知見の教授を行うほか、メンターとして、学生の成長のために重要な役割を担わせるべきこと。その一方で、これら教員に対し、所要の教育上のアドバイスや支援を提供すると共に、こまめな指導・監督などを行

うべきこと。
・自治体経営教育のあらゆる部面において、学生が多様な教育スタッフに接し得ることを保証するような、教育スタッフに係る募集・選抜プログラムを企画し実行していくべきこと。女性やマイノリティに属する人材を引き寄せるなど、教員の「多様性」を確保するため、あらゆる努力を払うべきこと。

④　インターンシップ

　本ガイドラインは、インターンシップを、実務経験のない学生に対する専門職業人養成教育の必須的要素とすべきこと、自治体経営の業務に就いて日の浅い学生にもインターンシップから多くのことを学ばせる必要性からこれに接する機会が確保されること、を求めている。こうした一般的要請に端的に示されるように、本ガイドラインにおけるインターンシップに関わる提案は、NASPAAのアクレディテーション基準に比し、やや厳しい内容を含んでいる。

　インターンシップは、一般行政に係るものであれ、個別行政に係るものであれ、実務家の指導の下で助言や教育が行われ、講義・演習を通じて学んだことを実地の場で検証し、その中味をより豊かにしていく好機となっている。

　本ガイドラインは、上記の立場に立脚し、インターンシップが、学生の知見をより豊かにし、経営や行政に対する新たなアプローチを彼らに供与し、専門職業人への道筋をを提供し得るものであることを強調する。そこでは、併せ、インターンシップが、第一次的かつ主要な教育上の実務実験の場であるとの理由から、インターンシップを統括する教員、行政機関のインターンシップ管理者の双方が、実習生を具体的に指導していく中で、「教育者」としての職責を果たすべきこと、とりわけ、インターンシップ管理者に対しては、公に承認された教育実践のトレーニングを受ける中で、教育者としての役割を自覚してもらうと共に、実習生に対する教育上の責任を涵養していくこと、の必要性が強く指摘されている。

本ガイドラインは、インターンシップに係る教育目的を達成するため、さらに次のような点について、制度設計することを提案している。これら提案は、実現困難な内容を含んでおり、そうしたことが、上記「NASPAAのアクレディテーション基準に比し、やや厳しい内容を含んでいる」と解される所以である。

・インターンシップに係る実習期間は、可能な限り少なくとも、フルタイムで6か月間、パートタイムで1年間とすること。
・実習生は、実習期間中、異なる責任を負う職責をこなしていく必要性があること。具体的には、当面の広範な経営に関する諸問題に対処し所要の職務をこなすと共に、長期に亘る研究を行い、その成果報告書を作成すること。また、当該自治体の内外の他の専門職業人や地域住民と相互交流を行うと共に、政治集会や政治プロセスへ立ち会う機会、専門職業人の職能団体の活動に参加する機会が与えられるべきこと。
・インターンシップの実習生として学生を受け入れる場合、大学院生を「単独」の形で受け入れるべきこと（換言すれば、大学院生と学士課程の学生とを混在させて受け入れるべきでないこと）

⑤　学士課程教育との関係
　本ガイドラインは、自治体経営を対象とする専門指向型、高度専門職業人養成指向型の教育が、大学院レベルでのみ営まれるべきこと、適切な高度専門職業人養成教育は、広範なバックグラウンドに支えられた学士課程教育と専門的かつ高度職業人指向の大学院教育との有機的連関の中で、最良の効果が挙がること、を強調している。

⑥　その他
　本ガイドラインは、実務経験のない大学院学生と実務に従事しもしくはこれに従事した経験をもつ大学院学生を同一のクラスで教えることが、最適

の教育環境である、との立場をとっている。

（5） NASPAAのアクレディテーション実施の組織体制

　NASPAAのアクレディテーションの中軸となる組織は、上述の「同僚評価／アクレディテーション委員会（Commission on Peer Review and Accreditation,COPRA）」であり、COPRAの指揮・監督の下、「訪問調査チーム（Site Visit Team）」が現地を訪問し、個別教育プログラムの具体的調査を行う。次に、その各々の組織体制を、主に、「アクレディテーションの方針－同僚評価／アクレディテーションに関する方針と手続－（2007.7改定）」（以下、「手続規程」と略記）により、瞥見していく。

　① COPRA
　COPRAは、任期の重なる3年任期の12名の委員で構成される（「手続規程」3.1）。
　COPRAの委員は、秋に開催される委員総会に先立ち、NASPAAの副会長により指名され、理事会により承認される（「手続規程」3.2）。
　選出される委員のうち、毎年、1名が理事会の中から選任される（「手続規程」3.5）。COPRAの全委員のうち、1名は、公益を代表する「公益委員（public member）」である（「手続規程」3.4）。
　委員中、欠員が生じれば、NASPAAの会長が、後に理事会で承認を受けることを条件に、欠員補充の人事を行う（「手続規程」3.3）。
　COPRAの委員長は、NASPAの副会長により指名され、理事会により、承認される（「手続規程」3.6）。
　COPRAの委員は、その在任期間中、審査・評価を受けている教育プログラムの専属のコンサルタントとして活動してはならない（「手続規程」3.9）。委員は、自身の所属する教育プログラムが審査・評価プロセスに係属していれば、同案件に係るあらゆる決定への参加が禁止される。潜在的な利益相反関係にある場合も同様である（「手続規程」1.4）。

② 訪問調査チーム

　現地に直接赴き、教育プログラムの具体的な調査を行うのが、訪問調査チームである。

　訪問調査チームの編成権を有するのは、COPRAである。COPRAは、アクレディテーションに係る審査・評価の対象となっている教育プログラムと協議をした上で主査及び他の2名のメンバーから成る訪問調査チームを選任する。複雑な教育プログラムが審査・評価の対象となる場合、その規模は拡大されて編成される。訪問調査チームの編成に当り、当該教育プログラムの性格、当該教育プログラムが所在する場所、人種等の多様性、評価チームメンバーの専門的知識・技能（実務家の実務経験を含む）が考慮される（「手続規程」8.1）。

　訪問調査チームのメンバーは、「訪問調査チームメンバー登録者名簿（Site Visit Team Roster）」の名簿登載者の中から選ばれる。

　「訪問調査チームメンバー登録者名簿」には、NASPAAに対する「代表者」が推薦する教員とNASPAAに対する「代表者」全員が登録されている（但し、NASPAAの会長、副会長及びCOPRAの現任委員は、同名簿への登載資格はない）（「手続規程」7.1）。

　「訪問調査チームメンバー登録者名簿」登載者が、訪問調査チームの一員になるに当り、「訪問調査ワークショップ」に参加するなどして、訪問調査に係る研修を受けることが義務づけられている。但し、過去にCOPRAの委員であった名簿登載者、過去5年以内に訪問調査チームに加わった経験をもつ名簿登載者は、研修を受ける義務が免除されている（「手続規程」7.2）。

（6）　NASPAAのアクレディテーション実施の手続

　NASPAAによって担われるアクレディテーションの実施手続は、アクレディテーションの地位の新規取得を希望しもしくはその地位の更新を目指す教育プログラムがCOPRAに「自己評価報告書（Self-Study Report）」を提出す

るのを受け、COPRAとその下に置かれる「訪問調査チーム」による審査・評価や訪問調査を通じて進められる。以下、その詳細を、実施手続の段階を追って説明する。訪問調査のプロセスについては、その重要性に鑑み、項を改めて概説する。

[第1段階] 「自己評価報告書」の作成・提出
　アクレディテーションの受審を希望する教育プログラムは、訪問調査が予定される年度の8月15日を期限に、アクレディテーションの新規取得もしくはその地位更新に係る申請書と「自己評価報告書」をNASPAAの「教学部長（Academic Director）」宛に提出すると共に、アクレディテーション受審手数料を支払うものとする（「手続規程」5.2,5.4,）。
　「自己評価報告書」は、NASPAAのアクレディテーション基準の適合状況を中心に、「自己評価報告書様式（Self-Study Report Form）」に準拠して作成するものとする（そこに記載されるデータは、報告書提出時の直近のデータを含むものとする）（「手続規程」5.5）。その作成に当たり、NASPAAの公式文書「自己評価要領（Self-Study Instructions）」が参考に供されなければならない。

[第2段階] 「自己評価報告書」の事務的チェック
　「自己評価報告書」を受理すると、COPRAの「総務部長（Managing Director）」が、文言に齟齬がないかどうかの事務的チェックを行う。なお、アクレディテーションの地位の更新時期にある教育プログラムが、その申請をしない場合、COPRAは、その地位を剥奪する（「手続規程」5.6）。

[第3段階] リエゾンの指名
　アクレディテーションを受審している各教育プログラム毎に、COPRA、当該教育プログラム、訪問調査チームの三者間の橋渡し役としての任を担う「リエゾン」が指名される。リエゾンは、COPRAの委員の中から選ばれる。

[第4段階］　リエゾンによる自己評価報告書の検証
　リエゾンは、教育プログラムから提出された「自己評価報告書」の検証を行い、当該教育プログラムへの暫定意見を起案する。そして、COPRAに対し、「自己評価報告書」と暫定意見を上程する。

[第5段階］　COPRAによる「中間報告書」の提示
　これを受けて、COPRAは、秋に開かれるNASPAAの年次総会開催期間中、当該教育プログラムの「自己評価報告書」の「初回の審査」を行い、その結果報告である「中間報告書（Interim Report）」を当該教育プログラムに提示する（「手続規程」6.1）。
　この「中間報告書」は、提出された「自己評価報告書」が妥当な内容のものか、当該教育プログラムは一応、NASPAAのアクレディテーション基準を充足し得ているように見えるか、という点に焦点を当て執筆される（同上）。

[第5-1段階］　COPRAから、教育プログラム宛に「中間報告書」を送付
　COPRAは、当該教育プログラムに宛てて、「中間報告書」を送付する。
　COPRAは、その「中間報告書」において、当該教育プログラムに対し、アクレディテーションの地位の新規取得もしくはその地位更新に係る最終結論を俟つことなく、同報告書の趣旨に沿って改善するよう助言を行うと共に、訪問調査チームが現地において審査する際のポイントを具体的に提示する（「手続規程」6.2）。なお、COPRAは、上記教育プログラムに対して、訪問調査チームの受け入れを延期し、明らかとなった問題点やアクレディテーション未充足の箇所を是正していくため所要の措置を講ずるよう、助言を行うことも出来る（「手続規程」6.3）。

[第5-2段階］　訪問調査チーム構成及び「中間報告書」の内容に関する
　　　　　　　リエゾン、教育プログラム間の折衝
　リエゾンは、訪問調査チーム構成案を起案し、COPRA内部で検討する。そ

して、COPRAの責任において、教育プログラムに対し、訪問調査チームの名簿を提示する。

また、リエゾンは、当該教育プログラムと訪問調査チーム主査との間で、COPRAが懸念を呈し訪問調査の際に検証に付されるべき問題点につき、共通理解を醸成する。

［第6段階］ 「中間報告書」への対応
教育プログラムは、「中間報告書」に対応し、所要の措置を講ずる。

［第7段階］ 訪問調査チームの受け入れ準備
教育プログラムは、来訪が予定されている訪問調査チームの受け入れ準備を行う。

［第8段階］ 訪問調査の実施
訪問調査は、1月1日から3月31日の間に実施され、2～3日かけて行われる（「手続規程」8.2）。そこでは、アクレディテーション基準の充足状況に係る事実関係を確認するために、関係者からの聴取り調査、施設見学、さらには、サンプル調査法に基づく成績証明書の検証作業などが行われる。

訪問調査チームは、訪問調査実施後、その主査の責任において訪問調査報告書を作成する。訪問調査報告書は原案段階で、当該教育プログラムに送られる。当該教育プログラムは、訪問調査報告書原案に対し、反論の機会が保証されている（「手続規程」8.3）。訪問調査最終報告書は、5月中にCOPRAに提出される（なお、訪問調査報告書作成の作業過程で、文意の正確性を期するため、リエゾンが主査に対し、所要の助言を行う場合がある）。

［第9段階］ COPRAによる最終結論の事前検討
COPRAは、6月に検討会議を開き、当該教育プログラムに伝達する勧告案の事前検討を行う。

[第10段階] COPRAによる最終結論の決定

　COPRAは、夏に開催される委員総会の席で、訪問調査最終報告書、教育プログラムからの反論書及びその他の関係書類の検討を行い(「手続規程8.3」)、当該教育プログラムに伝達する勧告を決定する。決定される勧告は、以下の内容である。

〈新規にアクレディテーションの地位を取得しようとする教育プログラムに対するもの〉

・7年の有効期限でアクレディットする（「手続規程」9.2）。
・所要の改善が行われ、当該教育プログラムが新たな段階に入るまで、1〜2年間、アクレディテーションに係る決定を延期する（この場合、次回以降のアクレディテーションに関する審査・評価のサイクルに入るに当り、どのような改善がなされたかの記述が付加された修正版自己評価報告書の提出が義務づけられる。そして、COPRAが同報告書の検証をした後、改めて訪問調査を行う必要があるかどうかを判断する。そうしたプロセスを経た後、COPRAが、次回の夏の委員総会で最終決定を行う）（「手続規程」9.2, 9.5, 9.6, 9.8）。
・アクレディテーションに係る認定を拒絶する（「手続規程」9.2）。

〈アクレディテーションの地位の更新を求める教育プログラムに対するもの〉

・7年の有効期限でアクレディットする（「手続規程」10.1）。
・所要の改善が行われ、当該教育プログラムが新たな段階に入るまで、1年間、アクレディテーションに係る決定を延期する。ここで、COPRAは、当該教育プログラムを、1年間に限ってアクレディットすることも出来る。(この場合、次回以降のアクレディテーションに関する審査・評価のサイクルに入るに当り、改善状況に関する記述が付加された修正版自己評価報告書の提出が義務づけられる。そして、COPRAが同報告書の検証をした後、改めて訪問調査を行う必要があるかどうかを判断する。そうしたプロセスを経た後、

COPRAが、次回の夏の委員総会で最終決定を行う。1年間に限り、アクレディテーションの地位更新が認められている教育プログラムに対するアクレディテーションの有効期間は、6年間となる）（「手続規程」10.1, 10.3, 10,4, 10.5, 10.6）。
・アクレディテーションの申請を撤回させる（「手続規程」10.1）。
・アクレディテーションに係る認定を拒絶する（同上）。

［第11段階］　COPRAによる最終決定に関する通知文書の送付と名簿への掲載

COPRAは、アクレディテーションの地位に関わる最終決定の通知文書を教育プログラムの代表者に送付する。

また、アクレディテーションの地位が認められた教育プログラムについて、COPRAは、毎年、「公共政策教育ジャーナル（Journal of Public Affairs Education）」に掲載の「アクレディットされた教育プログラムに関する年次登載名簿」への登載手続をとる。

［第12段階］　COPRAから不利な決定を下された教育プログラムによる異議申立

COPRAから不利な決定を下された教育プログラムは、その通知文書を受け取った日から15日以内に、当該教育プログラムを置く大学長名で、これを不服としてNASPAAに異議申立を行うことが出来る（「手続規程」第12.1, 12,2）。

［第13段階］　異議申立を審理する組織体の設置

NASPAAの事務局長は、教育プログラムから提出された異議申立趣意書をCOPRAに回付する。

COPRAは、その審理に当らせるため、「異議申立審査会（Appeal Board）」を基礎に、5名の委員から成る「異議申立検討作業班（Appeal Panel）」を設置する。異議申立検討作業班は、異議申立審査会メンバーの中から選任される。異議申立検討作業班メンバーは、COPRAの現職の委員であってはならない。

また、不利な決定がなされたとして異議申立を行っている教育プログラムのアクレディテーション・プロセスに何らかの形で関与した者であってもならない（「手続規程」第12.5）。

[第14段階]　異議申立検討作業班による審理
　異議申立検討作業班の審理の過程において、書面審理のほか、異議申立を行った教育プログラムの代表者に対するヒアリングを行う。ヒアリングに際し、当該教育プログラムの代表者に対し、30分程度のプレゼンテーションを行う機会が与えられる（「手続規程」第12.6, 12.7）。

[第15段階]　異議申立検討作業班による決定
　異議申立検討作業班は、所要の審理を終えた後、決定を下す。決定とその根拠・理由を示した文書は、ヒアリング実施日から30日以内に、当該教育プログラムが受理する（「手続規程」第12.8）。
　異議申立検討作業班が、COPRAの結論を支持する旨の決定を下した場合、COPRAの結論が、異議申立検討作業班による上記通知文書の日付を以って有効となり、当該教育プログラムの地位が最終確定する（「手続規程」第12.9）。

[第16段階]　COPRAによる再審理
　異議申立検討作業班が、この件をCOPRAに差し戻した場合、COPRAは、上記通知文書の内容の検証を通じ、これについての再審理を行う（「手続規程」第12.9）。

[第17段階]　COPRAによる最終決定
　COPRAは、再審理の後、この件について最終決定を行う。
　この段階に立ち至った教育プログラムのアクレディテーションに係る地位は、この最終決定を以って確定する（「手続規程」12.5, 12.10）。

（7）訪問調査の実施手続

　訪問調査は、COPRA の担うアクレディテーション・プロセスにおける基幹部分を構成している。訪問調査チームの活動目的について、NASPAA の公式文書『訪問調査のための手引き』は、以下の 6 点を挙げている。

a　当該教育プログラムが、明確なミッションや目標を掲げており、かつ、それらを定期的に検証しているかどうかを確認すること。
b　自己評価報告書における当該教育プログラムに関する記述の意味を解釈し、それが証拠の裏づけを伴っているかどうかを確認すること。
c　その教育プログラムを、当該教育プログラム自身の掲げる目標に則して評価すること。
d　当該教育プログラムを、NASPAA のアクレディテーション基準に則して評価すること。
e　訪問調査チームが COPRA に提出する調査報告書の基礎固めを行うこと。
f　職場の同僚間で情報を交換し合う機会、同一分野に全てあてはまるような問題を解決し好機を活かすための斬新な改革について学ぶ機会、を提供すること。

　上記活動目的を受けて、訪問調査チームには、COPRA に対し、アクレディテーションの申請を行った教育プログラムについて、事実関係を明らかにしその意義を解明する責務、検証対象となった教育プログラムの現状を文書にとりまとめる責務、といった基本的かつ具体的責務の履行が求められている。
　こうした職務上の責務の重要性を斟酌し、訪問調査チームは「チーム一丸」となって活動すべきこと、各チームメンバーが現地で行うインタビューは「尋問 (interrogation)」として行うべきではないこと、関連する事項として、各チームメンバーは、自身を「監視官 (inspector)」と見看してはならないこと、

訪問調査期間中を通じ、自身の個人的考えや価値観を押しつけるような言動は厳に慎しむべきこと、といった倫理上の責務も課されている。

訪問調査プロセスは、①訪問調査の下準備、②現地訪問、③訪問調査報告書の作成、の3つの局面で構成されている。次に、その各々の局面について簡単に説明する。

① 訪問調査の下準備

訪問調査チームの各メンバーは、訪問調査に参加する下準備として、COPRA主催の評価員研修会に参加すること、COPRAのアクレディテーション・プロセスに十分習熟しておくこと、アクレディテーション基準とその解釈、基準適用の際にしばしば問題となる事柄に精通しておくこと、訪問調査を行おうとする教育プログラムがしたためた自己評価報告書を熟読しておくこと、が求められている。

② 現地訪問

訪問調査チームの主査は、訪問調査のスケジュールを組むに先立ち、他のチームメンバーと連絡をとり、彼らの問題関心が奈辺にあるかということやインタビュー、訪問調査報告書原案作成に係る執筆分担について話し合いの機会を設ける。これに基づいて、主査は、チーム全体としてまた各メンバーが、インタビューの実施局面でどう役割分担するのかを決め、これを最終報告書作成上の執筆分担に連動させる。時として、調査チームの全メンバーが一つの会合に出席することもあるが、通常の場合、調査チームの各メンバーが分かれて会合に臨まねばならない。

アクレディテーションの申請を行っている教育プログラム及びその設置大学を対象とする現地への訪問調査は、通常、実働まる2日間で、3日間に亘って行われる。訪問調査チームメンバーは、第1日目（訪問調査が実質的に始まる前日）の午後遅くに現地に到着する。

第2日目は、全日、訪問調査活動に充てられる。ほとんどの場合、訪問調

査活動は、第3日目の午後までに終了する。

　第3日目に、調査チームは、会合を開き、そこで訪問調査報告書の方向性について合意形成を図り、その原案を仕上げる。大学を出立する際の挨拶の席では、当該教育プログラムの責任者に対し、追加的な情報の提供や補足的な説明を求める。その折に、調査チームは、アクレディテーション・プロセスにおける次のステップについても確認を行う（当該教育プログラムの代表者が、訪問調査報告書をいつ頃受け取ることを期待しているのか、という点も含めて）。報告書の内容や調査チームの評価、印象を要約して伝える機会を設ける努力をすることは必要とされていない。調査チームメンバーは、大学出立の挨拶を終えると、さらに会合を開き、追加的に得た情報が、訪問調査報告書の方向性に係る訪問調査チーム内部の合意に対し変更を迫るものか否かの検証を行う。調査チームは、通常の場合、第3日目の午後遅くに大学を出立する。

　もし、アクレディテーション申請を行った教育プログラムの規模が小さく、スムーズに工程を消化していった場合、第3日目の出立前までに、訪問調査報告書の原案作成のため余った時間を注ぐ。当該教育プログラムのキャンパスが多岐に亘って存在している場合や、調査チームメンバーの病気、交通手段の乱れなどの不測の事態の発生によって、調査スケジュール自体の見直しが迫られた場合、訪問調査の日程の延長を余儀なくされることもある。

　以下に、各日における訪問調査チームの作業工程の典型例を、調査対象事項に係る NASPAA のアクレディテーション基準と関連づけて掲記する。

　ところで、現地訪問の調査において、重要なのが、関係者とのインタビューである。本章末尾に掲記の「〈資料5〉訪問調査時のインタビュー対象者別聴取り調査事項一覧」において、訪問調査の折に、どのような事項についてインタビューするかを、インタビュー対象者である「当該教育プログラム関係者以外の同一大学関係者」、「当該教育プログラムの管理者」、「教員」、「学生団体及び卒業生の代表」の別に列記したので、併せてこれを参照されたい。

表3 訪問調査チームの現地調査作業工程の典型例

日程・時間帯	現地調査の方法・内容	対応するアクレディテーション基準
〈第1日目〉	・調査チームの各メンバーが現地に集合。 ・チーム内部で、調査スケジュールと各メンバーの役割分担の確認。 ・当該教育プログラムと調査スケジュールの確認。 ・追加的なデータや資料の提出要請。 ・教育プログラム（大学）主催の夕食会への参加。	
〈第2日目〉 8:30 10:30 12:30 14:00 16:00 夕食会 （調査チーム内部だけのもの）	・部局長、デパートメント主任、教育プログラム責任者及び専任教員との会合。 ・共通コアカリキュラムのコースを担当する教員との会合。 ・教員、職員、学生との昼食会。 ・補充的カリキュラムの構成要素となっているコースを担当する教員との会合。 ・学生及び卒業生との会合。 （第2日目の調査の総括と、第3日目の対応の協議）	基準 1.0, 2.0, 3.0, 5.0 基準 4.2, 5.41 基準 4.22, 5.41 基準 4.0, 6.0, 7.0
〈第3日目〉 8:30 9:00 （時間指定なし） 11:00 正午 昼食会 （訪問調査チーム内部だけのもの） 13:30 14:30 17:30	・部局長、教育プログラム責任者との協議（追加的な段取りを講じてもらうための事務的協議）。 ・コンピュータ設備、教室、優先処遇推進室、就職支援室等に対する施設見学。 ・サンプル調査法に基づく成績証明書の検証。 ・大学もしくはカレッジの管理職員との会合。 （訪問調査報告書原案作成に向けた協議） ・現地出立前の管理職員との最後の会合。 ・訪問調査チーム内部で、訪問調査報告書の内容の詳細を協議。 ・現地調査完了。調査チームメンバーが現地を出立。	基準 5.5, 6.1 7.0, 8.0 基準 4.0

※ 上記現地調査作業工程には、オフ・キャンパスに対するものが含まれていない。従って、オフ・キャンパスを別途有する公共政策系専門職修士学位プログラムについては、これに対する調査が、上記スケジュールに追加して行われる。

③　訪問調査報告書の作成

　訪問調査活動における最終的かつ極めて重要な成果物として位置づけられているのが、COPRAに提出され、そこで審理に付される訪問調査報告書である。訪問調査チーム、とりわけチーム主査は、訪問調査報告書の作成において、第一次的かつ直接的な責任を担っている。以下、段階を追って、訪問調査報告書作成プロセスの説明を行う。

［第1段階］　現地訪問時における訪問調査報告書の方向性に係る合意形成と原案執筆

　現地訪問期間中、訪問調査報告書における内容上の方向性について、訪問調査チーム内部で合意形成を図ると共に、報告書原案のアウトラインも固める。

　訪問調査報告書は、それぞれの分野・領域毎に、分担して執筆を進める。但し、訪問調査最終報告書の完成に向け、その策定過程には、チームの全メンバーが関与すべきものとされる。仮に内部合意が得られなかった場合でも、チームの全メンバーは、自身の主張を押さえて、共通の見通しを持つよう努力すると共に、報告書の該当部分において、事実関係に関する豊富なデータを掲記し、これに対する多様な判断を記述するなどの工夫をすべきものとされる。なお、調査チーム内部において合意形成が図られたか否かということを、調査対象となっている大学・教育プログラムの関係者の伝えることは厳禁されている。

　訪問調査チームは、報告書中において、NASPAAのアクレディテーション基準を通じ、当該教育プログラムの長所・問題点の洗い出しを行い、これを記述する。しかしながら、調査チームは、問題点の洗い出しの後、それら問題点との関連において、アクレディテーション基準の充足、未充足に係る最終結論を用意することはない。同基準の充足、未充足に係る最終結論は、評価チームのしたためた明示の評価結果を基礎に、COPRAによって導かれるからである。

［第2段階］　訪問調査報告書原案の取りまとめ
　訪問調査報告書原案は、訪問調査終了時より30日以内に、訪問調査チームの主査の下で取りまとめられる。主査がこれを取りまとめるに当り、チームの全メンバーに対し、その内容についての確認がなされる。

［第3段階］　訪問調査報告書原案の当該教育プログラム等への送付
　訪問調査報告書原案の写しが、当該教育プログラムの代表者の許に送られる。なお、訪問調査チームの全メンバーにも、その写しが届けられる。

［第4段階］　訪問調査報告書原案に対する当該教育プログラムからの反論
　当該教育プログラムの代表者は、訪問調査報告書原案を受け取った後、2週間以内に、訪問調査チームの主査とCOPRAに対し、「反論書（response）」を提出することが出来る。

［第5段階］　訪問調査最終報告書の作成完了
　訪問調査チームの主査は、大幅な修正を要しないと判断すると、当該教育プログラムから反論書を受理して2週間以内に、訪問調査最終報告書の作成を完了し、これをCOPRAの委員長の許に届ける。提出される最終報告書には、当該教育プログラムからの反論書も添付される。反論書等の検討を通じ、大幅な修正を迫られた場合、訪問調査チームの主査は、COPRAに対し、修正に必要な日数を伝達するものとする。

［第6段階］　訪問調査チーム主査による訪問調査最終報告書の送付
　訪問調査チームの主査は、自身の責任において、訪問調査最終報告書を、当該教育プログラムの代表者、訪問調査チームの各メンバー、COPRA事務局（同事務局には、「反論書」の写しも添付）に送付する。

（8）年度評価

　7年間有効のアクレディテーションの地位を得た教育プログラムは、毎年、4月に「年次報告書(Annual Report)」を提出するものとされている（「手続規程」11.1）。

　そこには、前回の直近のアクレディテーション以降、当該教育プログラムの資源、管理組織及びカリキュラムについて、「重要な変更（substantial change)」を行ったか否かが記載される（同上）。

　COPRAが、そこで「重要な変更」がなされていると判断した場合、当該教育プログラムに対し、追加情報の提供を求め、アクレディテーション基準の充足状況を確認するため、アクレディテーションに係る審査・評価のプロセスを進める（「手続規程」11.2, 11.3）。

（9）アクレディットされた大学、教育プログラムに対する苦情の処理

　NASPAAが、ある教育プログラムをターゲットにした苦情申立状を受け取ると、それをCOPRAに回付する。COPRAは、そこで、それがNASPAAの特定のアクレディテーション基準が不適合状態に陥っているとする内容のものかどうかという観点から、苦情申立状を厳選する。なお、匿名の苦情申立状は、受理の対象外となる（「手続規程」15.5, 15.6）。

　もし、COPRAが、その苦情を有効と看做すと共に、苦情申立状において、アクレディテーション基準不適合の状況が示され得ていると判断した場合、当該教育プログラムに対し、その旨が2週間以内に伝えられる（「手続規程」15.7）。

　苦情申立状及びCOPRAの上記決定は、保存ファイルに綴じられ、年次報告書を基に行う年度評価もしくはアクレディテーションの更新プロセスのう

ちの何れか早い時期に行われる評価プロセスの中で、他の書面と併せ検証に付される（同上）。

(10) NASPAA のアクレディテーション・システムの特質

　NASPAA のアクレディテーション・システムについて、評価基準、評価手続を中心に、その重要部分を跡づけて説明してきた。ここでは、上記説明を踏まえ、NASPAA のアクレディテーション・システムの特質を列記していく。
　その特質の第一として、NASPAA は会員制を採り、公共政策系教育プログラムを置く高等教育機関を正会員とする一方で、公共サービス分野で積極的な活動を展開する機関を中心に教育機関以外の組織体にも、賛助会員の地位を認めることを通じて広く会員の門戸を開き、NASPAA の活動の裾野を広げようとしている点、を挙げることが出来る。公共サービス分野で活動する教育機関以外の組織体に賛助会員資格を認める実際上のメリットとして、会員資格の拡大に伴う会費収入の増大を通じて、財政基盤の安定化を図るという財政戦略のほかに、実務分野で存在感を示す組織を賛助会員として迎え入れることで、訪問調査チームのメンバー等に公共サービス分野の実務家を加えることを容易にするという評価プロセスの充実化の要請に機敏に対応可能となっている点も、見逃すことはできない。
　特徴の第二に、NASPAA 固有の組織原理として、NASPAA の会員資格とアクレディテーションの地位が直接的な連動関係にない、という点が挙げられる。NASPAA の正会員となるための必須要件として、高等教育レベルの公共政策系教育プログラムを開設している高等教育機関が「地区基準協会」によりアクレディットされていなければならない。しかしその一方で、ひとたび NASPAA の正会員の地位を得ると、「地区基準協会」からアクレディテーションの地位の保証がなされていることを前提に、当該教育プログラムが NASPAA のアクレディテーションを受審せずとも、また、アクレディテーションの地位の更新に失敗しても、その一事を以って、正会員資格が剥奪さ

れることはない。そうした意味において、NASPAAの正会員には、NASPAAからアクレディテーションの地位を認められているものと、そうでないものの二種が存在しているのである。ただ、そのいずれにおいても、自身の公共政策系教育プログラムの改善・向上を含むそうした教育プログラムの発展を指向するという目標の実現を期することにNASPAAの会員であることのメリットを見出そうとしている点は共通する。

　特徴の第三として、NASPAAが、高等教育レベルにおける公共政策系教育プログラムの発展に貢献することをその活動目標に掲げているとはいえ、アクレディテーションを通じて制度的に質保証を行うことを目指す教育プログラムは、公共政策系専門職修士学位プログラムに限定されているという点、が挙げられる。ここでは、NASPAAのアクレディテーションが、公共サービス分野で有為に活躍できる高度人材育成を教育目標に掲げる教育プログラムの質保証に焦点が絞られていること、換言すれば、NASPAAのアクレディテーションが、公共サービス分野の高度専門人材の育成を、教育プログラムの質保証を通じて側面的に支援しようとしている姿が看て取れる。

　特徴の第四として、NASPAAのアクレディテーション基準では、基準適用を通じ各教育プログラムの特質を一層伸長させようとする立場から、各教育プログラムの教育上のミッションを尊重し、当該ミッションが、教育プログラムの組織・活動の様々な部面においてどう投影されているか、という観点からの審査・評価を保障するための配慮措置が講じられている点、が挙げられる。加えて、NASPAAの同基準にあっては、公共政策系専門職修士学位プログラム修了者に要求されるコンピテンシー・モデルが提示されており、上述の評価基準における各教育プログラムのミッションの尊重ということと相俟って、目標達成度評価の視点からのアクレディテーションが指向されている点、にも留意が必要である。

　特徴の第五として、NASPAAのアクレディテーション基準の運用指針、解釈指針ともなっている『「自治体経営教育」に関するガイドライン』に端的に示されるように、「公共サービス」分野で貢献し得る高度人材育成という

共通的基盤の下、より細分化された分野毎に、当該分野に対応した人材育成に係る到達目標の類型化が試みられているという点、が挙げられる。「公共政策」という広範な概念の下、同分野を構成する多様な「活躍の場」における個別の人材像を明確化することにより、アクレディテーション基準適用の的確性、適切性を確保する措置の具体化として、こうしたガイドラインを位置づけていく必要がある。

　特徴の第六として、上記第一点と関連することであるが、アクレディテーション・プロセスにおいて、研究者教員に加え、現場の実務家の参画を仰ぎ、両者による協働運用方式で同プロセスの進行が図られているという点、が挙げられる。公共政策分野の高度職業人養成教育プログラムの質保障を目的とする評価プロセスにおいて、現場の実務家の参画は不可欠的要請である。

　特徴の第七として、訪問調査の評価プロセスが、対話重視の方向での運用を指向しているという点、が挙げられる。『訪問調査のための手引き』が、どのような事項についてインタビューするかを、インタビュー対象者毎に列記していることからも、NASPAAのアクレディテーションが対話重視の姿勢で進められる様が看取出来る。

　このほか、NASPAAのアクレディテーション・プロセスに見られる固有の特徴として、アクレディテーション申請を行っている教育プログラムに対し、COPRAが最終判定を下す前段階において、「中間報告書」を提示し、評価基準の充足状況についてCOPRAとしての暫定的結論を提示するものとされる点、アクレディテーション申請を行っている教育プログラムとCOPRAの結節点としての役割を果たす「リエゾン」をCOPRAの委員の中から選任するという点、等を挙げることが出来る。何れも、COPRAのアクレディテーション・プロセスを適正かつ慎重に進めるための配慮措置として理解できる。

4　NASPAAのアクレディテーションの改革方向を展望しつつ
　　― 結びにかえて ―

　公共政策系専門職修士学位プログラムに対するNASPAAのアクレディテーション・システムの改革が、現在、模索されている。最後に、当面の改革方向について、見ておくこととしたい。

　さて、NASPAAは、今の時期、なぜ、大幅なシステム改革に着手しようとしているのであろうか。

　NASPAAは、この点について、全体として公共政策系教育自体が変化の様相を呈してきていることを挙げ、公共政策が「学」として成熟段階にさしかかり始めたこと、公共政策系教育の一部に「商業化」の傾向が見られること、管理職者のための教育需要が増大していること、実験的、学融合的なカリキュラムが増加傾向にあること、オンライン・プログラムや遠隔授業方式の教育プログラムが増えつつあること、大学間連携による教育プログラムも登場してきていること、などを特に指摘している。

　大幅なシステム改革に乗り出そうとする要因として、さらに重要なのは、アメリカのアクレディテーションの全体的仕組みそのものについて、連邦政府や議会等を中心に、改革圧力が強まっているという点が指摘される。具体的には、学生の学習成果を検証しその結果を公表すること、相互比較に適した評価指標を基に、類似の教育プログラムを互いに比較し合えるような仕組みを構築すること、アウトカムの指標を明示するとともに、アクレディーションの実施手続を開放的なものにする等アクレディテーション全体の透過性を図ること、などを内容とする改革の実施が、現在、アクレディテーショ

ンを掌る各種団体・機関に対して求められている。

　そうした背景の下、NASPAAのアクレディテーション・システムの改革が、アクレディテーション基準の改定、アクレディテーション・プロセスの改善の両面に亘って指向されている。

　このうち、アクレディテーション基準の改定方向として、次のような点が挙げられる。

a　将来学生や外部の顧客がはっきりと理解できるよう、教育プログラムのミッションの一層の明確化を図っていくこと。

b　教育プログラムは、公共サービスの領域で転変するニーズにどう反応したかを明らかにすべきこと。

c　「コンピテンシー」重視の姿勢を以前にも増して、一層鮮明に打ち出そうとしていること。そして、そこでは、教育プログラムとして、学生の成長を保証するために、学生の学習到達度を測定することが極めて重要であり、実際の測定に当たり、「コンピテシー」の確認が必要である、という視点が前面に押し出されていること。具体的には、各教育プログラムの「コンピテンシー」中には、「リーダーシップ及び意思決定力」、「コミュニケーション能力」、「公共サービス分野における様々な価値原理の存在と衡平・公正を保つ必要性への自覚」、「財的資源、人的資源、情報資源、技術的資源、その他の諸資源の果たす役割への理解」、「政策プロセス（評価を含む）への理解」、「問題解決能力（証拠の活用術を含む）」が必ず明記されるべきこと。それ以外の追加的なコンピテンシーについては、当該教育プログラムのミッションに従い、自身の手で開発すること。

d　カリキュラムにおける専門科目構成に関し、専門職団体が修士課程教育プログラムのガイドラインを示し、NASPAAが同ガイドラインを承認している場合、教育プログラムは、このガイドラインをどう活用したかを、資料に基づき具体的に説明すべきこと。

また、アクレディテーション・プロセスの改善の方向性としては、次の点が挙げられる。
a　公共サービスの有効性を高め、社会への説明責任を確実に実行していくため、アクレディテーション・プロセスを通し、「学生の学習成果（student learning outcomes）」の到達度を社会に伝えること。
b　社会への説明責任を明確化すべく、アクレディテーションの実施プロセス全体の透過性を高めていくこと。
c　アクレディテーションの受審を望む教育プログラムの書面作成に伴う負担を最小化するため、アクレディテーションの仕掛けそのものの見直しを行うこと。

　今日、我が国同様、アメリカにおいても、公的資金や学生納付金を基に財政運営のなされる公的組織体としての高等教育機関に対し、その組織・活動全般の社会への説明責任の履行が強く求められている。とりわけ、各高等教育機関が、個別教育プログラムの活動を通じ、いかに多くの有為な人材を社会に送り出したか、という点に着目して、当該高等機関や教育プログラムの質を推し量ろうとする動きが顕在化しつつある。
　こうした動きと連動して、連邦政府筋は、アクレディテーション団体の質保証が、これまでインプット重視の評価に偏っていたと批判した上で、学生の卒時、修了時の「仕上がり度」や進路の観点から教育の質を評価する手法に、評価手法そのものを転換することを各アクレディテーション団体に強く求めている。
　こうした状況下にあって、NASPAAのアクレディテーションに係るシステム改革は、ある意味、上述の連邦政府の要請に機敏に対応しようとするものとして受け止めることも出来る。
　まず、NASPAAが公共政策系専門職修士学位プログラムに対し、ミッション（＝教育目的・目標）の明確化や、社会的ニーズへの対応状況の明示を求めようとしていることは、社会に有為な高度専門人材養成の視点をアクレディ

テーション団体として鮮明にしたものとして理解することが出来る。

さらに重要な点は、評価におけるアウトプットの部分、すなわち「学生の学力到達度」の測定を確実ならしめるため、NASPAAのアクレディテーション基準それ自身の中に、基本的なコンピテンシーのカタログを列記し、各学位プログラムの教育到達目標としてその遵守を求めると共に、固有のミッションに対応させたコンピテンシー・モデルの開発をそうした学位プログラムに要請していること、にある。

ここでは、アクレディテーション基準中に、全ての公共政策系専門職修士学位プログラムに共通のコンピテンシーを明示するということと、それぞれの学位プログラムのミッションに対応させた固有のコンピテンシーの確立を各学位プログラムに求めるという一見相反するような要請の明文化が指向されていることに留意する必要がある。こうした規定改正を通じ、基本とされるコンピテンシーについてのみ明文化しようとする理由の一つに、現行のアクレディテーション基準4.0「カリキュラム」の規定がやや詳細に過ぎ、従来から、その実効性に疑問が投げかけられていたこと、が挙げられる。とりわけ、同規定は、MPP学位（Master in Public Policy）のカリキュラムの構成要素と乖離しており、その結果として、相当程度の数のMPP学位プログラムが、NASPAAのアクレディテーションの受審を忌避せざるを得ないという状況が常態化していたとされる。とは言え、基本的なコンピテンシーについてこれを明文化し、各学位プログラムに対しその遵守を求めたことについて、NASPAAは、当該ミッションに厳格に対応したコンピテンシーを自主的に教育目標に掲げることをアクレディテーション基準を通じて義務づけることが、各学位プログラムに対し逆に大きな負担を課すことになること、そこで、そうした各学位プログラムの負担増を回避すべく、公共政策系専門職修士学位プログラムの修了者を雇用する側が求める「人材像」の基本部分を規範化し、基準を通じてこれを提示しその確実な履行を求めることとしたこと、といった説明を行っている。その一方で、改正規定が、固有のコンピテンシーの設定において、各学位プログラムに広範な裁量を認めようとしていることにつ

いて、NASPAAは、そうした措置を通じ、上記MPP学位とMPA学位（Master of Public Administration）の間のカリキュラム上の基本的差異に柔軟に対応できることのほか、各学位プログラムの掲げるミッションが多様であることによる、それぞれのカリキュラム内容と人材育成目標の違いや特性にも十分配慮する必要があること、雇用者側の多岐に亘る人材需要や公共サービスへの期待の変化とそれに伴う公共セクターの機能・役割の変化に機敏に対処すべきであり、基準を通じた画一化にはなじまないこと、等の理由を挙げ、この部分での規定改正の必要性を正当づけている。

このように、NASPAAは、アクレディテーション基準、同プロセスの両面から、そしてとりわけ、アクレディテーション基準中に、共通のコンピテンシーのカタログを設定しその確実な遵守を各学位課程に求めようとするなど、アウトプット重視、アウトカム重視の評価手法の積極導入を図ろうとしつつも、学位の種類・性格や各学位プログラムのミッションの多様性とそれに対応したカリキュラムの多様性にも配慮しようとするなど、画一性と特徴の追求という視点から、バランスの取れたアクレディテーションの実施を指向しようとしている姿勢が窺える。

NASPAAは、また、各学位プログラムがこれまで負ってきた自己評価負担の軽減化を図ることを標榜している。各学位プログラムの「評価疲れ」を未然に防止できる意味から、この改革を積極評価していくこともできよう。しかしその一方で、各学位プログラムの手を借りることなく、予め設定された上記コンピテンシーのカタログに従って、NASPAA自身が当該教育プログラムを評価していこうという姿勢の表れとして、こうした改革の意味を理解することも可能なのである。

NASPAAのアクレディテーション・システム改革は、ある意味において連邦政府の意に沿った「先進的な改革」であり、このことを裏付けるかのように、アクレディテーショ基準改訂作業を現下において進めている「基準委員会」の12名の委員中、2名までもが連邦政府関係者であることは注目に値する。

連邦政府のアクレディテーション改革圧力に、部分的とは言えおもねてい

るかのようにも見受けられるこうした先導的なシステム改革が、アメリカの今後のアクレディテーションの動向、ひいては我が国認証評価の動向に与える影響には多大なものがあると思われる。

　アクレディテーション基準の全面改訂を軸とするNASPAAのこうしたシステム改革の全貌が明らかになるには、いま少しの時間を要する。順調に行けば、2008年4月に改正アクレディテーション基準の第一次素案が、同年10月に同基準の第二次素案がNASPAAの「地区代表者会議」に諮られた後、2009年10月に、正式承認される見込みである。

〈参考文献〉

[邦文]
喜多村和之・早田幸政他訳［1992］『大学・カレッジ自己点検ハンドブック―米国ニューイングランド地区「基準認定の手引き」より―』紀伊國屋書店。
早田幸政訳［1995］『アメリカ北中部地区基準協会の大学・カレッジ評価ハンドブック』紀伊國屋書店。
山田礼子［1998］『プロフェッショナルスクール』玉川大学出版部。
日弁連法務研究財団編［2007］『法科大学院教育の理念と実践』商事法務。
早田幸政［2003］「認証評価のインパクト―アメリカの「教育長官認証」の紹介を兼ねて―」『高等教育研究』第6集（日本高等教育学会）。
福留東土［2003］「専門職教育の構築過程に関する一考察」『大学論集』第33集（広島大学高等教育研究開発センター）。
前田早苗［2003］『アメリカの大学基準成立史研究―「アクレディテーション」の原点と展開―』東信堂。
坂本勝［2005］『公共政策教育と認証評価システム ― 日米の現状と課題 ― 』公人の友社。
福留東土［2005］「米国のアクレディテーションにおけるアウトカム評価の動向」『COE研究シリーズ』16（広島大学高等教育研究開発センター）。
早田幸政・船戸高樹編著［2007］『よくわかる大学の認証評価』エイデル研究所。

清水潔［2007］「専門職大学院の課題」『IDE―現代の高等教育』No.493（IDE大学協会）。

坂本勝［2007］『行政学修士教育と人材育成 ― 米中の現状と課題 ―』公人の友社。

［平成18年度～19年度日本学術振興会科学研究費補助金研究成果報告書］〈研究代表者早田幸政〉『社会科学分野の高度専門人材育成大学院に係る認証評価の充実策に関する実証的研究』（2008）［課題番号18611005、基盤研究（C）］

［欧文］

U.S.Department of Education, A Test of Leadership － A Report of Commission Appointed by Secretary of Education Margaret Spellings, 2006

Council for Higher Education Accreditation（CHEA）,Recognized Accrediting Organizations（as of February,2006）（http://www.chea.org/default.asp）

全米公共政策系大学・大学院協会（NASPAA）に関しては、NASPAAのウェブwww.naspaa.org. より、特に下記の欧文公式文書を参照した。

NASPAA Overview.

NASPAA Member Schools.

NASPAA Bylaws 2002.10.

Standards for Professional Master's　Degree Programs in Public Affairs, Policy and Administration 2004 .10 Edition.

ICMA/NASPAA Task Force on Local Government Management Education, Local Government Management Education 1992

NASPAA STANDARDS 2009 WORKING DRAFT 2007.3－Provisional Guiding Principles for revising NASPAA Accreditation Standards.

Peer Review and Accreditation Policy and Procedures 2007.7.

Site Visit Manual.

The National Honor Society for Public Affairs and Administration Pi Alpha Alpha

Michelle Piskulich & Marv Mandell, NASPAA STANDARDS 2009 Curricular Competencies.

Jeffrey A. Raffel, Transforming Public Affairs Education through NASPAA Accreditation Standards.

資料1

NASPAA 基本規程

(早田　幸政　訳)

条文一覧

第1条：用語の明確化と活動目的
第2条：メンバーシップ
第3条：協会の役員とその選任
第4条：理事会
第5条：委員会
第6条：部門
第7条：各年開催のカンファレンスと総会
第8条：表決
第9条：会費と財務運営
第10条：基本規程の改訂手続

第1条　用語の明確化と活動目的

1　名称

　法人組織を規律する規定にもあるように、本法人組織は、「全米公共政策大学・大学院協会(National Association of Schools of Public Affairs and Administration, NASPAA)の名で知られている（本協会（Association）については、以下に示す記述を参照）。本法人組織は、コロンビア特別区管轄下の非営利法人として、1977年2月23日に設立された。法人組織を規律する規定と本基本規程との間で矛盾・抵触が生じた場合、法人組織を規律する規定が優先適用される。

2 目的

　本協会は、専ら、慈恵的、科学的、教育的、人文学的な諸目的を達成するために組織されている。もとよりそうした中には、会員校が共同で公共政策に係る教育の改善を図っていくという目的も含まれている。

3 目的達成のための手段

　本協会は、次に示す手段により、上記目的を達成する。

A. 会員校間の連携・協力を推進すること。また、会員校と、同種の目的を掲げる海外の高等教育機関との間の連携・協力を推進すること。
B. 会員校にサービスを提供すること。
C. カリキュラム開発や教育改善を支援し、教育上の諸課題を議論するためのフォーラムを催すこと。
D. 教育プログラムに関する適切な基準を策定し、そうした教育プログラムの質を検証すること。
E. 公共政策に係る教育を基礎づける研究の活性化を図ること。
F. 政府及び他の機関に対し、公共政策に係る教育の目的とその必要性の主張の代弁者となること。
G. 政府と連携して、諸種のプログラムを推進すること。
H. 助成金を受入れたり、契約を締結すること。
I. 公共サービスに関する教育を受ける機会並びにそうした教育と直結する職業に就く機会が、全ての人に平等に保障されるよう、支援を行うこと。
J. 公共的活動を高い水準に維持出来るよう、支援を行うこと。

4 「公共政策」の領域

　本協会は、「公共政策」に係る固有の領域は、次のようなものであると理解している。

A. 公共管理（public administration）、（狭義の）公共政策（public policy）及び公共経営（public management）。
B. 自治体、州政府、広域的地域政府、連邦政府、国際関係ネット、国際機関といった様々なレベルの公共政策。
C. 予算編成、財政運営、人事管理、労使関係、プログラムの計画策定とその評価

といった諸種の政府機能。
  D. 刑事・検察、矯正、法執行、司法、経済運営、環境とエネルギー、健康、国際関係と経済的支援、公共事業、地方行政、社会福祉、運輸、都市政策といった公共政策を運用する諸種のセクター。
  E. 立法過程、司法課程、行政過程といった公共政策形成に係る様々な公権力領域。
  F. 公的組織、公的指向の非営利組織、公的セクターと私的セクターとの連携関係。

5　本協会の特質
　本協会は、非営利組織であり、いかなる党派にも偏ることなく、その目標の達成に向けて活動している。組織の活動の本質的部分をなすものではないが、宣伝活動や法の制定・改廃に対し影響力を行使しようとする活動も行っている（「内国税収入法(Internal Revenue Code)」のSection501(h)及びコロンビア特別区のこれと同種の法により、別に認められたもの以外のものについて）。本協会は組織として、公職の特定候補者に加担したりあるいは敵対するような政治的キャンペーンに積極的に参加したり関与する（それに関連する声明を発することや文書配布を行うことを含む）ようなことはしない。ここに掲げる規定中にいかなる定めがあったとしても、本協会は、(a) 内国税収入法Section501(c)(3)により、連邦所得税免除が認められている組織、(b) 内国税収入法Section170(c)(2)により、租税の免除が認められている組織、が行うことを禁じられている活動に手を染めることはない。本協会は、その専門的知識・能力が及ぶ範囲内に限り、また、上記活動目的の範囲内に限って、社会的な問題にも取組む用意がある。ここでの意味は、社会的な問題に対する協会としての立場を示すものであって、必ずしも、各会員校の立場を示すものではない。

第2条　メンバーシップ

1　正会員
　本協会のメンバーシップは、その名称において適切で、「地区基準協会 (regional accrediting bodies)」若しくはこれに匹敵する団体によりアクレディットされた高等教育機関に設置された教育研究ユニット（カレッジ、スクール、ディビジョン、デパートメント、プログラム、センター、インスティチュートなど）に対して開放されている。そうした教育研究ユニットがメンバーシップを得る上で、本協会の活動目的に強く賛同していることも必要である。そしてさらに、その教育研究ニットには、次のような学位取得に繋がる独立のカリキュラムが組織化されていることが必要である。

A．公共政策分野の専門職大学院学位（professional graduate degrees）。
　　B．公共政策に係る専門教育を最重要と位置づける学士学位（baccalaureate degrees）。
　　C．公共政策分野の準学士学位（pre-baccalaureate degrees）。

2　会員校内でのメンバーシップの分離・独立
　もし、一の高等教育機関内で、複数の教育研究ユニットが、公共政策に係るそれぞれ別個の教育プログラムを提供している場合、同じ高等教育機関で、本協会のメンバーシップが複数存在するということも生じえよう。この場合、それぞれの教育研究ユニットは、その義務を負わなければならない。もとより、会費納入の義務も負わなければならない。

3　賛助会員
　賛助会員のメンバーシップは、学位授与権を持つ海外の教育機関、政府機関、法人組織、財団、職能団体、学位課程を置いていない教育機関、研究機関、研修機関、その他本協会の活動目的に賛同する組織・団体に対して開放されている。

4　メンバーシップの存続
　本協会の正会員及び賛助会員のメンバーシップは、本基本規程に対しいかなる変更がもたらされようとも、それぞれメンバーシップを確保する上で必要な要件を充たしている限りにおいて、その地位の存続が保証される。

5　「本協会に対する代表者」
　正会員校及び賛助会員校は、本協会との間で取り結ぶコミュニケーションの主要なチャンネルとなる「本協会に対する代表者（principal representatives）」を選任する。当該代表者は、本協会の活動遂行に当り、会員校からの人員の提供が求められた際に、これに協力する責務を負っている。当該代表者は、自らの手で、若しくはその所属する高等教育機関内で当該代表者の代理人に指名された者を通し、その高等教育機関に認められた全ての案件について、表決に参加することになる。

6　メンバーシップの適格性
　正会員若しくは賛助会員となることを希望するものに対する適格性の決定は、理事会（Executive Council）によって行われる。理事会は、メンバーシップの維持に必要な要件

を充たしていない高等教育機関、メンバーシップの維持に必要な義務（会費納入を含む）を履行し得ていない高等教育機関の会員資格を剥奪することが出来る。

第3条　協会の役員とその選任

1　公選の役員

　本協会における公選役員は、会長（President）、副会長（Vice President）及び15名の理事会メンバーである。会長、副会長の任期は、1年である。理事会メンバーの任期は3年であるが、改選期は異なっている。会長は、取り決めにより、定期に予定されている次の会長選まで、その任期を延長することが認められている。新規に選出された役員の任期は、年次総会（annual business meeting）直後より、直ちに発効する。

2　公選役員の選考

　本協会の公選役員の選考は、直前まで会長職にあった者、前会長、会長の指名する3名の委員で構成される臨時委員会によって行われる。臨時委員会の委員長には、直前まで会長職にあった者が就任する。この選考委員会（nominating committee）は、各役職毎に、1名若しくは複数名の候補者を選考するとともに、その候補者名簿を、年次総会に先立つこと、遅くとも60日前までに会員校に届けるものとする。「本協会に対する代表者」若しくはその指名に係る代理人は、年次総会の折にその議場において、追加の候補者の提案を行うことも出来る。

3　役員選挙

　役員の職は、年次総会において、「本協会に対する代表者」若しくはその指名に係る代理人によって行われる投票で、過半数を得た者が就任する。

4　役職の継承

A. 副会長は、会長の任期満了を受け、次の会長職を引き継ぐ。会長が死亡した場合、辞任した場合、若しくは会長職を遂行することが困難となった場合、副会長は、前会長の残りの任期を引き継ぐとともに、その後さらに会長として、1年の任期を全うするものとする。
B. 副会長が死亡した場合、辞任した場合、若しくは副会長職を遂行することが困難となった場合、さらには、副会長が前会長の残りの任期を引き継ぎ会長となっ

た場合、理事会は、前副会長の任期を継承させるため、副会長代理（acting Vice President）を選任する。副会長代理は、前副会長の残余の任期に限り、前職の職務を遂行する。

5　会長

本協会の会長は、年次カンファレンス（annual conference）、年次総会、理事会を主宰するとともに、会長職としての通常の業務及び理事会の指示に係る業務を遂行する。

6　事務局長

事務局長（Executive Director）は、時宜に応じて、理事会により選任され、その職務を行う。事務局長は、通常、理事会で決定された方針の下で、本協会の実務を遂行する。

7　予算案の協議

会長、副会長、元会長及び財務委員会（Committee on Finance）の委員長は、毎年、事務局長と協議して、次年度の予算案並びに本協会の個別業務についての検証を行う。

第4条　理事会

1　理事会のメンバーシップ
  A. 本基本規程での "Executive Council" 若しくは "Council" とは、コロンビア自治区の「非営利組織法（Nonprofit Corporation Act）」における "director(s)" あるいは "board of directors" と同義である。理事会は、上で明らかにしたように、公選の役員及び最も直近まで会長職にあった者により構成されている。
  B. 理事会には、本協会の委員会の委員長、本協会の部門（section）の長や、他の適切な職能団体の代表、同じく適切な教育団体の代表にも参加の機会を与えている。但し、そうした者に対し、表決権を付与してはいない。財務委員会、基準委員会（Standards Committee）、「同僚評価／アクレディテーション委員会（Commission on Peer Review and Accreditation）」の各委員会の委員長にも、理事会への参加資格を認めている。但し、表決権については、上記同様、認めていない。

2　理事会の審議
理事会は、本協会の年次総会の折に開催されるほか、理事会メンバーとの協議に基づき会長名で招集がかけられ、また、理事会メンバーの過半数の要請に基づき開催さ

れる。遅くとも2週間前までに、理事会での審議事項に関する通知書が、「本協会に対する代表者」全員に送り届けられる。本協会の事務局長は、理事会に出席する。理事会の審議は、各高等教育機関の「本協会に対する代表者」の全員に対して開かれており、そこへの出席も可能である。但し、彼らに、表決権の行使までは認めていない。

3　理事会の業務
　理事会は、ある年の年次総会から次の年の年次総会までの協会業務を遂行する。

第5条：委員会

1　常置委員会
　常置委員会（standing committee）は、常設の委員会で、各委員会には、最低2名の理事会メンバーが入っている。

　A. 基準委員会
　　基準委員会は、12名を上限とする委員で構成されている。委員の任期は3年で、一部委員の任期は重なっている。委員は、秋開催の委員総会（Fall business meeting of the Committee）に先立ち、副会長により選任される。隔年に選任される委員の少なくとも1名は、理事会メンバーである。基準委員会は、公共政策分野の修士学位プログラムに係る適切な基準を策定・維持していくものとする。また、基準委員会は、理事会の指示を受け、修士学位プログラム以外の公共政策に関する教育レベルの基準も策定する。
　B. 同僚評価／アクレディテーション委員会
　　同僚評価／アクレディテーション委員会は、12名の委員で構成されている。委員の任期は3年で、一部委員の任期は重なっている。委員は、秋開催の委員総会に先立ち、副会長が選考したものについて理事会がこれを選任する。隔年に選任される4名の委員の内、少なくとも1名は理事会メンバーである。同僚評価／アクレディテーション委員会は、基準委員会が策定し本協会の会員校が承認した基準に則り、公共政策分野の修士学位プログラムを検証する責務を担っている。そこでの検証は、「自己評価」と「同僚評価」を通じて行われる。また、同僚評価／アクレディテーション委員会は、理事会の指示を受け、修士学位プログラム以模と範囲外の公共政策に関する教育プログラムの検証も行う。
　C. 財務委員会

財務委員会は、9名の委員で構成されている。会長、副会長、元会長が、当て職として、委員に加わり表決権を行使する。委員の任期は、3年で、2名の委員の改選期が重なっている。委員は、秋開催の委員総会に先立ち、副会長により選任される。

　財務委員会は、本協会の長期的な財務方針に基づき、理事会に対し助言する責務を担っている。また、専門家の意見を聴取して、本協会の基本財産並びに理事会によりそこに寄託された基金の運用を行う責務も担っている。財務委員会は理事会に対し、基本財産から産み出された剰余金のうち、予算へ繰入れることの出来る額についての進言も行う。

　「基金」そのものである基本財産を継続的に維持していくため、基本財産の剰余金の一部を活動目的に投入するというのが本協会の方針である。基本財産に関する協会の方針（予算に繰り入れることが出来るのは、基本財産から産み出された剰余金の一部のみであるという方針も含む）の変更を行うことが出来るのは、(1) 理事会からの要請に基づき、財務委員会の5名以上の委員がこれを認めた場合、(2) 財務委員会から意向を聴取するとともに、その後に行われた理事会の会議において、変更を行う旨の決定がなされた場合、といった二つの場合に限定されている。財務委員会は，理事会がそうした要請を行った日から30日以内に、その要請に従い行動する。財務委員会は、最低1年に一度、基本財産運用に伴う収入額、投資額、支出額に関する正規の財務計算書を発行する。理事会は、時宜に応じ、運用益を基本財産に組み入れることが出来る。

2　臨時委員会

A. カンファレンス企画委員会

　　会長は、各年、カンファレンス企画委員会（Conference Program Committee）の委員を選任する。同委員会は、1年に一度、本協会が催すカンファレンスのプログラムを企画する。それは、後に、理事会の検討に付され、そこで最終承認される。同委員会の委員長も、会長自身が選任する。

B. その他の臨時委員会

　　会長は、上記以外の臨時委員会を設置する権限を持っており、理事会に対し、そうした臨時委員会の設置期間、審議事項について報告を行うものとする。臨時委員会が、2年を超えて置かれることはない。臨時委員会は、設置の期限終了時に、カンファレンス開催日に直近の理事会に提出するための報告書を作成するものとする。理事会は、検討を行った上で、2年を超えない範囲で、臨時委員会の設置期間を延長することが出来る。

3　委員会の委員及び委員長の選任
　会長は、常置委員会及び臨時委員会に関し、その委員の選任を行うとともに、委員長を指名する。その任期は、1年である。但し、本基本規程に別の定めがある場合、若しくは理事会承認を要するとされているものについてはこの限りではない。

4　委員会の運営費
　委員会の運営に要する費用は、当該委員の所属する高等教育機関、若しくは理事会の承認に基づき本協会が負担する。

5　委員会の活動
　委員会が、外部資金の導入を図ろうとするに当り、また、社会的な問題を検討対象とするに当り、事務局長のサイン若しくは理事会の承認が必要である。

第6条　部門

1　目的
　政策上の利害が共通し、あるいは共通の特徴を有している会員校は、自らの利益をより確かなものとするため、協会にある幾つかの「部門（Sections）」に属する。

2　部門の開設と廃止
　部門は、会員校の「本協会に対する代表者」の25％の賛成により、3年の期限付きで、理事会により開設される。理事会は、3年毎に部門の活動を検証する。また、検証の結果、その活動をさらに3年間延長させる権限も有している。本協会の部門は、独立の法人格を構成するものではない。

3　部門の活動の手順
　部門は、自身の活動のガイドラインを起案し、理事会の承認を得るものとする。そうしたガイドラインには、年度毎に選ぶ部門長の選出方法、理事会並びに部門運営に協力している会員校に提出する年次財務報告書、年次活動報告書の提出方法が含まれる。これらガイドライン、法人組織を規律する法律の諸規定、本基本規程との間に、矛盾・抵触が生じた場合、法人組織を規律する法律の諸規定、本基本規程が効力的に優先する。

4　部門の活動
　部門が、外部資金の導入を図ろうとするに当り、また、社会的な問題を検討対象とするに当り、事務局長のサイン若しくは理事会の承認が必要である。

5　部門運営の経費
　部門運営の経費は、その運営に参加・協力する高等教育機関により充当される。部門は、理事会による承認を条件に、その運営に参加・協力する高等教育機関に対し、年会費に付加され協会の名において徴収される特別の維持費を割当てることが出来る。

第7条：各年開催のカンファレンスと総会

1　日時・場所
　各年開催のカンファレンスと総会の日時・場所は、理事会により、決定される。

2　カンファレンスへの出席資格
　本協会の正会員校及び賛助会員校の「本協会に対する代表者」は、いつでもカンファレンスに出席することが出来る。

3　カンファレンス開催から遅くとも60日前までに、理事会は、本協会の会員校に対し、総会で審議される主要議題を通知するとともに、関連する補足資料を送付する。

4　年次総会の規則
　年次総会は、Robert's Rules of Order により執り行われる。

第8条　表決

1　表決権
　年次総会での表決権は、会員各校が行使する。会員各校は、それぞれ1票を投ずることが出来る。同じ高等教育機関で、本協会のメンバーシップを、同高等教育機関とは別のユニットが有している場合、さらに1票の表決権が追加される。表決権の行使は、会員校の「本協会に対する代表者」若しくはその指名にかかる代理人のみが行うことが出来る。代理出席者は、表決には参加出来ない。

2　年次総会の定足数

　年次総会は、会員校の定足数25％の「会員校の『本協会に対する代表者』若しくはその指名にかかる代理人」の出席を以って成立する。

3　教育プログラムの基準及び教育プログラムに対する審査・評価に係る結果の承認

　それぞれのレベルの学位に直結する教育プログラムの基準及びこれら教育プログラムに対する審査・評価の結果は、NASPAAの全てのメンバーに提示されそこで議論が尽くされた後、年次総会の場で、NASPAAがアクレディットした学位プログラムの「本協会に対する代表者」（若しくはその指名にかかる代理人）による表決の上、過半数の賛成で承認される。基準委員会以外から、「基準」改訂の提案がなされた場合、その改定案は、年次総会開催日より遅くとも30日前までに、基準委員会の委員長の許に届けられる。基準委員会は、委員会としての所見を付して同改定案を、理事会に上申する。その上で、理事会は、同改定案を、開催予定の年次総会の議題とする。

第9条　会費と財務運営

1　会費

　会費に係る提案は理事会が行うが、それは、会員校の承認事項である。会費値上げを内容とする理事会の提案書は、年次総会開催日より遅くとも60日前までに、各会員校の許に届けるものとする。年次総会が定足数を充たし、その上で、表決による会員校の賛成を得ることが、会費に係る提案を実施に移すための要件である。

2　財務運営

　事務局長は、理事会が決定した方針に従い、協会資産の収支運営を行う責務を担っている。協会の各年の予算は、事務局長が編成し、理事会がこれを承認する。各年の財務計算書類は、会員校に提示される。

3　監査

　協会の財務監査について、理事会は、公正・中立にこれを行う責務を担う。

第10条：基本規程の改訂手続

1　基本規程改定の提案
　基本規程改定の提案は、会長選任の「基本規程検討委員会」の検討を経た上で、若しくは、会員校の「本協会に対する代表者」の内の25％が理事会に対し、改訂の請願をした後に、会員校全体に諮られる。理事会は、個々の改訂提案毎に所見を示す。

2　表決までの手続
　改訂提案書は、年次総会開催日より遅くとも60日前までに、本協会の全ての会員校の許に届けられる。

3　表決
　改定案は、同改定案に関する表決の後、「本協会に対する代表者」若しくはその指名にかかる代理人による過半数の賛成で承認される。

4　法人組織を規律する規定に対する改訂提案の扱い
　法人組織を規律する規定に対する改訂提案の審理手続は、コロンビア自治区の「非営利組織法」の定めるところに拠る。

　　制定
NASPAA年次総会
ピッツバーグ，ペンシルベニア州
1978年10月25日
　　改訂
NASPAA年次総会
1982年10月17日　ポートランド，オレゴン州
1986年10月11日　カンサスシティ，ミズーリ州
1997年10月17日　ローリ，ノースカロライナ州
「基本規程」化に伴う改定
NASPAA年次総会
2000年10月20日　リッチモンド，バージニア州
2002年10月18日　ロサンゼルス，カリフォルニア州

資料2

公共政策分野における
専門職修士学位プログラムの評価基準

(早田　幸政　訳)

はじめに

　目的　「公共政策分野における専門職修士学位プログラムの評価基準」の目的は、教育の質の維持・向上にある。これら評価基準は、COPRAの運用に係るNASPAAの「同僚評価/アクレディテーション」のプロセスで用いられる。NASPAAは、公共政策分野の修士学位プログラムをアクレディットする専門分野別アクレディテーション機関（specialized accrediting agency）として、「高等教育アクレディテーション協議会（Council for Higher Education Accreditation, CHEA)」から認証を受けている。

　適用対象　これらの評価基準は、公共政策分野においてリーダーシップを発揮出来得るような専門職業人教育の提供を目的とする各修士学位プログラムに適用される。新たにアクレディテーションを受けもしくはその地位の更新を目指す学位プログラム全体が、これらの基準によってカバーされている。オフ・キャンパスもしくは遠隔教育を通じた教育プログラムが異なるミッションを掲げ、異なる学生を対象とし、異なる教育技術上の手段や学習方法を採用していれば、そうした他との違いを、以下の点につき十分納得のいく説明をしておくべきである。

・教育上の提供物が、どの程度、当該教育プログラムのミッションと整合しそれに貢献し得ているか。
・成績評価の方法、教育指導の方法が、どの程度、提供されている教育と他との比較可能性を担保できるようなものとなっているか。
・学生、教員、管理スタッフ、システム、プロセス、教育プログラムの保有する資源の配置状況といった側面での違いによって、どのような影響がもたらされている

か。
・学生たちが自分がどこにいようと一向に気にしていないとしても、アクレディテーションの地位を得ようとする教育プログラムを通じて受けている教育内容の差異が、どのような影響をもたらしているか。

柔軟性と斬新性　これら評価基準の第一の関心事は、公共サービスに従事する人々のため、高質の専門職業人教育を確立することにある。カリキュラムの開発とその提供手段における柔軟性と斬新性は、フルタイム学生、パートタイム学生、職業経験のない学生、一定の職業に従事している学生、職業を替えようとしている学生、公共政策分野の他の専門領域に関心を抱いている学生、といった学生等の多様なニーズに対応させていく上で是非とも必要である。

教育プログラムの総合的な評価　NASPAAは、各教育プログラムが、公共政策教育における卓越性を獲得するために、多様なミッションやアプローチの方法をとるであろうことを認めている。評価基準の幅のある適用は、教育プログラムのミッションに照らし、また、ミッションの成就である成果の視点から正当化されなければならない。COPRAは、アクレディテーションに関わる総合的な評価を下すに当り、評価基準への厳格な適合状況、教育プログラム全体の質の判定、当該教育プログラムのミッションの固有性を総合的に勘案する。

1-0　ピア・レビュ及びアクレディテーションを受ける上での適格性

1-1　**適格性**　これらの評価基準は、教育の質を評価するため、ピア・レビュ方式を用いることが前提となっている。NASPAAの公式の「同僚評価/アクレディテーション」のプロセスは、次の要件に合致した教育プログラムに対して開かれている。

1-2　「**大学機関別アクレディテーション（institutional accreditation）**」**への合格** 教育プログラムの設置大学は、「地区基準協会」によりアクレディットされていなければならない。

1-3　**専門職業人養成教育**　教育プログラムの第一の目的が、公共政策分野において、リーダーシップを発揮しマネジメントを行う人々を養成する職業人教育でなければならない。

1-4　**教育プログラムの継続期間**　その教育プログラムの方針、手続及び卒業生の進路状況を評価するための適切なデータの確保が必要であることから、教育プロ

グラムとして、少なくとも4年の活動実績が求められる。

2-0　教育プログラムのミッション

2-1　**ミッションの明文化**　教育プログラムは、教育理念、教育上のミッションを明文を以って表明するとともに、ミッションとその保有する資源並びにその構成層と整合し得る適切な将来戦略・目的を開発するための秩序立ったプロセスを確立するものとする。

2-2　**評価**　教育プログラムは、学生のパフォーマンスと目的の達成状況を評価するものとする。評価手段、評価尺度は、当該プログラムとその存立の条件に相応しい形態のものであってよいが、各プログラムは、かならず、そのミッションを如何にうまく達成し得たかを判断するための手段を開発・活用しなければならない。

2-3　**パフォーマンスの管理**　教育プログラムは、その目的、将来戦略、運用方法の管理・見直しを行うに当り、パフォーマンスに係る情報を活用するものとする。

3-0　教育プログラムの管理・運営

3-1　**管理組織**　有効な公共政策教育プログラムは、多様な形態で存在する。自律性の高いデパートメントやスクールという形態の場合もあれば、行政大学院や政策科学のデパートメントといった幾分大きめのユニットの中の責任ある部門といった形態をとる場合もある。「大学」組織という枠組みの中であっても、教育プログラムを効果的に運用できるよう、専門職修士学位プログラムの責任は、そのプログラムにはっきりと対応する教員団と管理組織が負う体制が確立されていなければならない。大学組織の中で、教育プログラムの柔軟運用がなされるべきことは承認するが、上の点を強調した所以は、その組織形態をどうするかはともかく、こうした教育プログラムに対する配慮措置、管理と責任の重要性に注意を喚起したいがためである。

3-2　**教育プログラムにはっきりと対応する教員団**　公共政策教育プログラムには、これに明確に対応する教員を置かなければならない。彼らは、その教育プログラムに対し第一次的責任を負っており、大学内の直近の上部組織において承認されていなければならない。

3-3　**教育プログラムの管理**　教育プログラムの管理責任は、当該教育プログラムの教員団との協議の後に選任された部長（dean）、学科長（chairperson）、ディレクター、その他単独の管理スタッフに委ねるものとする。

3-4　**職務権限**　公共政策教育プログラムの教員団、管理スタッフは、「大学」固有の組織・手続の枠組みの中で、次の点に係る第一次的かつ重要な判断権を行使するものとする。

・教育プログラムに関する一般方針と将来計画。
・学位授与の要件。
・新たなコースの設定とカリキュラムの改訂。
・入学。
・学位志願者に対する学位授与保証書。
・コースの実施スケジュールと教員の授業負担。
・財的資源及びその他の資源の活用法。
・教育プログラムに関わっている教員の選任、昇格、テニュアの授与。

4-0　カリキュラム

4-1　**カリキュラムの目的**　カリキュラムの目的は、公共サービス分野において、専門職業人としてリーダーシップを発揮できるような人材に学生を育て上げることにある。

4-2　**カリキュラムの構成要素と一般に求められるコンピテンシー**　共通カリキュラム、補充的カリキュラムの構成要素は、教育プログラムのミッションとも調和し得るような「学生一般に求められるコンピテンシー（students general competencies）」との関連の中で、開発される。カリキュラムの構成要素は、公共サービス分野において、所要の知識を基礎に主体的に分析を行う能力、コミュニケーションをする能力、活動を行う能力をもった高度職業人を養成するようなものとして設計する。共通カリキュラム、補充的カリキュラム、いずれのカリキュラムの構成要素も、それらの質及び教育プログラムの掲げるミッションへの整合性について、評価される必要がある。

　4-21　**共通カリキュラムの構成要素**　共通カリキュラムの構成要素は、物の見方や考え方を豊かにし、知識を涵養し、効果的かつ理に適った行動をとるスキルを高めるものでなければならない。

公共サービスを掌る組織体のマネジメントを対象とするものでは、以下のような構成要素を含むものとする。
①人的資源
②予算編成及び財務管理プロセス。
③情報管理、技術の応用、政策立案。
質、量の両面における各種分析手法の実践を対象とするものでは、以下のような構成要素を含むものとする。
④政策形成とプログラムの立案、それらの実践と評価。
⑤意思決定及び問題解決の過程。
公共政策及び組織を取り巻く環境への理解を対象とするものでは、以下のような構成要素を含むものとする。
⑥政治制度、法律制度、政治過程、立法過程。
⑦経済・社会制度、経済・社会の動態。
⑧組織・経営の概念、組織行動、経営行動。
上記領域で示した構成要素に係る諸要件は、特定のコースの開設を、規定上、求めたものではない。上記の各領域に対し、平等の時間が割り当てられることや、上記構成要素に係る全てのコースが、公共政策教育プログラムを通じて提供されることを、暗に求めている訳でもない。各教育プログラムの特徴の伸長を妨げるようなものとして、上記記述を解釈すべきではない。

4-22 **補充的カリキュラムの構成要素** 各教育プログラムは、補充的教育の目的とその目的の依拠する根拠を明示するとともに、補充的カリキュラムが、そうした目的を達成させるためにどう設計されているかを説明するものとする。目的を記した文書には、高度に専門化されたプログラムなのかもしくは集中化されたプログラムなのか、といったことや、そうした役務の提供を受ける学生のカテゴリー（公共サービスに従事した経験のない学生なのか、現在これに従事しもしくは従事したことのある学生なのか、フルタイム学生なのか、パートタイム学生なのか、と言ったことなど）に係る記述を含んでおくものとする。
もし、当該教育プログラムが、便覧、要覧、パンフレット、ポスターなどにおいて、専門化もしくは集中化された教育を提供できる条件が整っている旨を宣伝したいのであれば、専門化もしくは集中化された教育の中軸を成すコースが、常時配置されている高質の教員団により担われていることを証拠に基づいて示さなければならない。専門化もしくは集中化に係るコースを以って、共通カリキュラムの構成要素に代置させることは出来ない。

4-3　**学位授与の基本的要件**　共通カリキュラム及び補充的カリキュラムの構成要素との関係において、教育上のバックグラウンドや実務経験が皆無かそれにほぼ等しい学生は、専門職修士学位プログラムの修了までに、フルタイムで2年間の学習をすることが期待されている。共通カリキュラムの修了要件に匹敵するような学習を学士課程段階で既に修めてきた学生、価値ある経営活動に従事した経験のある学生の場合、専門職修士学位プログラムの修了要件の幾つかが、適切な形で免除もしくは減じられてもよい。たとえそうした場合であっても、通常の場合、学生は、専門職修士学位プログラムの修了までに、正規の教育課程で、インターンシップ期間を除き、フルタイムで1年間の学習に従事しなければならない。ここに言う「1年間の学習（a calendar year）」とは、フルタイムの学習によるもので、2セメスタープラス連続8週間のサマーセッションもしくは4クウォーター（インターンシップの期間を除く）のことを意味する。

4-4　**インターンシップ**　周到に計画されたインターンシップの機会を教育プログラムに組み込むものとする。高度専門職のバックグラウンドをもたない学生に対し、インターシップの好機を掴ませることを強く奨励する。教育プログラムは、インターンシップの実施において、継続的に教学上の配慮を行うものとする。インターンシップは、原則として、NASPAAが策定した「インターンシップのガイドライン」を反映させたものとすべきである。

5-0　教員団

5-1　**教員団の核**　専門職修士学位プログラムにおいて、その責任を第一次的に引き受ける核となる教員団を置かなければならない。この教員団は、教育、研究、サービスに係る一連の責任（教育プログラムの規模や組織構造に相応しいものであることが必要）を遂行するため、当該プログラムの運営に専念出来る充分の数のフルタイム教員によって構成されるべきである。いかなる場合であれ、核となる教員団のフルタイム教員数が、5名を下回ってはならない。大学は、各教員が、その教育プログラムに関わる教育と関連する研究、サービス活動にどう関わっているのか、という点を具体的に示さなければならない。カリキュラム全体の中で展開されているコースの少なくとも50％、共通カリキュラムの構成要素をカバーするコースの少なくとも50％は、当該大学のフルタイム教員により、教えられなければならない。

5-2　**教員の資格要件**　専門職修士学位プログラムのフルタイム教員の少なく

とも75％は、博士学位もしくは博士学位と等価的な当該分野の最終の専門職学位を保持していなければならない。最終学位を保持していない教員であっても、その教員が担う責務に直接関連する研究業績、専門職業人としての実績もしくは教学上の実績を有していなければならない。適切な最終学位の取得を現在目指している教員は、最終学位を保持していない25％の教員数の中でカウントされなければならない。

5-3 **実務家の関与** 専門職修士学位プログラムの運営において、実務家の関与は必須要件である。大学は、当該教育プログラムに実務家がどう関与しているかを、具体的に示さなければならない。

実務家がコースを担当している場合、彼らの学術的な資質・能力、専門職業人としての実績、教育能力に関わる質に問題がないことを、充分に証明しなければならない。

5-4 **教員の質** 上記に加え、教員の質の適切性が、次の事項に係る過去、現在の状況によって証明されることが必要である。

5-41 **教育活動** 教育プログラムの改善に向けた努力（学生へのアドバイス、教育方法、コースの内容、斬新なカリキュラムの開発）。

5-42 **研究活動** 研究、執筆、著作物の公表。

5-43 **実績とサービス活動** 政府、産業界、非営利組織との関わりの中で営まれる専門職業上の実績や公共サービス、もしくはコンサルタント活動。

5-5 **教員の多様性** マイノリティ、女性、障害を持つ人々を含めるとの視点から、教員の構成上の多様性を確保するための特別の計画が実行されていることを証明しなければならない。教員の多様性を確保するためのプログラムや計画は、原則、NASPAAが採択した「多様性に関するガイドライン」の趣旨を反映させるものとする。

6-0 学生の入学

6-1 **入学の資格・能力と要件** 入学の資格・能力、入学者受け入れ方針、入学要件（予め具備しておくべき教育上の要件などを含む）は、明示され、社会に公表されるべきである。そして、そこでは、学生の種類（公共サービスに従事した経験のない学生、現在これに従事しもしくは従事したことのある学生、その他のカテゴリー）に応じてどのような取り扱い上の差異を設けているか、といったことや、マイノリティ、女性、障害を持つ人々に対していかなる配慮をしているか、

といったことが明示されるべきである。学生の多様性を確保するためのプログラムや計画は、原則、NASPAAが採択した「多様性に関するガイドライン」の趣旨を反映させるものとする。

6-2 **バカロレア学位取得に関わる要件** 入学の門戸は、通常、地区基準協会によってアクレディットされた大学から授与されたバカロレア学位保持者及びアメリカ以外の大学については適切に評価された志願者に対してのみ開かれている。

6-3 **入学許可の条件** 入学の扉は、専門職修士課程並びに公共サービス分野において成功を収める優れた潜在的能力を示した志願者に対してのみ開かれている。入学許可基準には、各志願者に関し、次に示すような諸条件、すなわち、(a)"Graduate Record Exam"、"Graduate Management Admissions Test" もしくはそれらと同レベルの試験における適性に関わるパフォーマンス、(b)学士課程在籍時でのGPA(Grade Point Average)及び成績評定の概況、(c)卒業時のランク、(d)自身のこれまでの経歴や職業上の関心に係るデータや小論文、(e)過去の職業実績に対する質の評価、を含むものとする。これらの入学許可基準にあっては、公共サービスに従事した経験のない学生、現在これに従事しもしくは従事したことのある学生の間での卓越性の水準を確保するに当たり、異なる測定尺度を用いる必要のあることを承認すべきである。入学許可に関する最終判定は、将来公共サービスに携わる専門人材の質を一層高めるべく、単一の測定尺度によってではなく、上記のような複数のインディケータの組み合わせを基礎に行うものとする。

7-0　学生サービス

7-1 **アドバイスと評価** 強力かつ継続的な教育上のアドバイス、キャリア・ガイダンス、向上度の評価は、入学から修了までの間、全ての学生が利用できる状態になっていなければならない。

7-2 **就職サービス** 当該教育プログラムと同プログラムを設置する大学は、公共政策分野への就職支援を内容とする適切なサービスを提供するものとする。

8-0　支援的サービス及び施設・設備

8-1 **予算** 教育プログラムは、自身の掲げる目的を達成するために、充分な財的資源を保有しなければならない。

8-2 **図書館サービス** 全ての学生及び教員は、公共政策分野の修士レベルの教育

課程として相応しい図書施設とそのサービスに充分にアクセスできなければならない。通常、そうしたサービスの対象となる図書資料として、教科教材、専攻論文、定期刊行物、連載物、時事論説、研究レポートなどがある。教育プログラムの専任教員は、当該教育プログラムにとって必要な図書資料を選定するに当り、重要な役割を担うべきである。

8-3 **人的支援サービス** 教育プログラムが、その目的に相応しい活動を展開していく上で、充実した事務支援体制の協力が必要である。

8-4 **教育用の器機** 教育プログラムに属する教員及び学生が、コンピュータ、視聴覚機材、オーディオ、ビデオテープ、フィルムなど、コースワークや研究活動に必要な器機にアクセス出来るようにすべきである。

8-5 **教員研究室** 教員研究室は、学生指導、授業の準備、その他教員の担う責務を果たせるよう、適切なスペースとプライバシーの確保が図れるようにすべきである。

8-6 **教室** 開設されているコースを運用する上で相応しい教室が用意されるべきである。通常の場合、セミナー、ケースを題材とした討論型授業、シミュレーション方式の実践型授業、講義などを行うのに適した部屋の用意が求められる。

8-7 **ミーティングのためのスペース** 学生と教員が非公式に面談したり、学生主体のプロジェクト、インターンシップ、その他の学習をする際に討論を行うことのできる適切な空間が確保されるべきである。

9-0 オフ・キャンパス・プログラム及び遠隔教育プログラム

9-1 **その定義と範囲** オフ・キャンパス・プログラム及び遠隔教育プログラムとは、(a)当該教育プログラムのメイン（母体となっている）キャンパス以外の場所もしくは建物の一角に学生が在籍している、(b)学生が、物理的に近い距離にいる教育スタッフと、常時、対面式で授業を受けてはいない、といった教育プログラムのことを指している。オフ・キャンパス・プログラム及び遠隔教育プログラムは、今日求められている教育ニーズを充たすことが出来よう。とはいえ、これらの教育プログラムが、異なるミッションや異なる学生層の需要に応じ、メインキャンパスが用意した異なる教育テクノロジーや学習手段を活用する場合、そうした教育プログラムに対しては、下記の事柄を示す充分な情報を提供する責務が課されている。

①提供されている教育の中味が、当該教育プログラムのミッションと如何に整合

し、かつどの程度その実現に寄与しているか。評価及びガイダンスのプロセスは、そこで提供されている教育が、メインキャンパスのそれと等価であることを担保しうるものとなっているか。

②学生、教員、管理スタッフ、システム、プロセス及びプログラムの保有する資源の配置状況がメインキャンパスのそれと異なることで、いかなる影響が生じているか。

③上記のような違いに伴い、授業を受けている学生の所在地がどこであるかを問わず、アクレディテーションの地位を欲している教育プログラムに在籍する全ての学生が享受する教育に対し、どのような差異がもたらされているか。

9－2　**プログラムのミッション、評価、及びガイダンス**　こうした教育プログラムは、オフ・キャンパスの教育及び遠隔教育として開設されているコースとその開設場所の妥当性を具体的に示した文書、並びに、そうした措置を講じた正当性の根拠が、設置大学の公共政策系教育プログラムのミッション、目標及び目的から発出したものであると同時に、それらの実現に貢献していることを示した文書を提示するものとする。オフ・キャンパスにおいて、また遠隔教育を通じて提供される教育は、それに接する学生層や地域のニーズといった他と区別できる要因に基づいて、その正当性が承認される。また、その正当性は、そうした教育プログラムがメイン（母体となっている）キャンパスの教育プログラムのミッション、目標及び目的の実現にも貢献していることを証明することにより、初めて主張可能である。

9－3　**教育プログラムの管理・運営**　教育プログラムは、オフ・キャンパス及び遠隔教育を通じたコース、プログラムとその所在場所、所要の教育上の手だてに関連する教育上のサービス、学生サービス、管理・運営の方針とその実施手順が、誰の手でいかなる方法で決定され、管理・監督され、評価されているか（その中には、メインキャンパスとの対比において、学習成果の等価性がいかに確保されているのか、という点も包含されている）を説明するものとする。

9－4　**カリキュラム**　コア・カリキュラムは、メイン（母体となっている）キャンパスの教育プログラムのそれに匹敵するものでなければならない。教育プログラムは、カリキュラムの設計、教育テクノロジーが、当該教育プログラムのミッション、評価手法、ガイダンス・プロセスとの関連において、また、個々のコース等の教育目標との関連においてそれが適切であること、メインキャンパスとの対比において、各コース等の内容とその単位取得要件の等価性が確保されていること、教育テクノロジーが各コースの内容・到達目標と適切に合致してい

と、教育支援をごく身近ものとして受けられるようになっていること、を証明するものとする。

9-5 **教員団** 教員団は、メイン（母体となっている）キャンパスの教育プログラムのそれに匹敵するものでなければならない。教育プログラムは、メインキャンパスの教員団が、カリキュラム、コース及びその他の教育上の措置に係る計画、設計、提供、評価を如何にうまく管理しているか、オフ・キャンパス及び遠隔教育による授業提供が、教員の教育上の負担やその他の任務遂行に対しどのような影響をもたらしているか、オフ・キャンパスでの教育や遠隔教育を通じたコース提供が、当該教育プログラムを設置する大学における教員としての身分の保全、昇格、テニュアの取得、人事考課の手続とその決定の際の判断基準の要素にどう組み入れられているか、オフ・キャンパス及び遠隔教育における、教員団の公正性と多様性の原理を促進し、いかなる差別をも禁止するするための方針と実施手順は、メインキャンパスのそれと果たしてどの程度まで同等のものといえるか、といった点を、証拠を挙げて説明するものとする。

9-6 **学生の入学** 入学要件は、メインキャンパスで用いられているものに匹敵するものでなければならない。

9-7 **学生サービス** 学生は、メインキャンパスの学生が利用している学生サービスに匹敵し得るような教学上の支援的サービス及び管理運営上の支援的サービスにアクセスできなければならない。

9-8 **支援的サービス及び施設・設備** 支援的サービス及び施設・設備は、メインキャンパスのそれに匹敵するものでなければならない。教育プログラムは、そうした支援的サービス及び施設・設備の継続利用とアクセス、継続実施を確保するために結んだ契約やその他の取り決めを明らかにしなければならない。

承認：NASPAA年次総会，　コロラドスプリングス，　　コロラド州，
1977年11月10日
改定：NASPAA年次総会，　ピッツバーグ，　　　　　　ペンシルバニア州，
1978年10月25日
改定：NASPAA年次総会，　レキシントン，　　　　　　ケンタッキ州，
1981年10月20日
改定：NASPAA年次総会，　ワシントン，D.C.
1984年11月3日

改定：NASPAA年次総会,	シアトル,	ワシントン州,
1987年10月24日		
改定：NASPAA年次総会,	アトランタ,	ジョージア州,
1988年10月22日		
改定：NASPAA年次総会,	ボルチモア,	メリーランド州,
1991年10月18日		
改定：NASPAA年次総会,	クリーブランド,	オハイオ州,
1992年10月23日		
改定：NASPAA年次総会,	ローリ,	ノースカロライナ州,
1997年10月17日		
改定：NASPAA年次総会,	ロサンゼルス,	カリフォルニア州,
2002年10月		
改定：NASPAA年次総会,	インディアナポリス,	インディアナ州,
2004年10月		

資料3

自治体経営教育のガイドライン

自治体経営教育に関するICMA/NASPAA検討作業班策定文書（1992）

（早田　幸政　訳）

序文

　アメリカにおいて日常的に「自治体(local government)」は、アメリカ民主主義の「自由のゆりかご(cradle of liberty)」として理解されると共に、トマス・ジェファーソン(Thomas Jefferson)が非常に重要と考えた「草の根民主主義(grassroots democracy)」との関連の中で、また、近年の大統領統治制の成功に伴うほとんどの公共サービスに対する適切な責任主体として、理解されてきた。アメリカの自治体－その中には、couties, cities, villages, towns, townships, regional councils of government, regional planning agencies, school districts, その他特別なサービスを掌る行政区がある－は、それ以外の政府レベルのものと比べ、市民生活に関する仕事のためにより多くの人員を投入している。自治体は、国内に住む全ての市民に対して直接的にサービスを提供する唯一の「政府」である。20世紀のアメリカ市民の生活を支える公共サービスの大部分を提供する第一次的かつ最も基本となる責務を担っているのが、自治体である。
　簡潔に述べれば、アメリカの自治体の質に対しては、常に注意の目が向けられねばならない。それは、アメリカ人の生活の質にとって重要であると共に、アメリカ人の政治信条や政治的実践を維持していく上でも不可欠である。およそ政府にとって、リーダーシップ－日常の活動を関知し運営に当たるために選任された人々のそれをも含む－の質より大切なものはないので、自治体が効果的なリーダーシップを常に発揮し得ているかどうかということに対し、同様に、注意の目を向ける必要がある。
　自治体において、効果的かつ専門職的なリーダーシップは、奨励され育まれ、そのための準備がなされなければならない。それは、ただ単に経験に根ざすものであって

はならないし、別の専門職業人養成教育プログラムからの偶然の副産物として用意されるものであってもならない。学生に対して、自治体の中でリーダーシップを発揮できる地位に随伴する職責を観察し、理解する機会が提供されるべきである。自治体のリーダーシップに魅了された学生は、自治体経営(local government management)を通じプロフェッショナリズムの基準を受け入れ、その向上を図ろうとする高い資質を持った献身的な自治体指導者とのふれあいの中で、一層の脱皮がなされていかなければならない。

　国際自治体経営協会(International City/County Management Association, ICMA)とNASPAAは、自治体論や都市政策論に関わってはいるが、同様に、リベラル・アーツや関連する専門分野、一般行政分野の教育にも関心を抱いており、その重要性を承認している。そうした教育が専門的なものであるが故に、IMCA、NASPAAは、下記のようなガイドラインを設定し、自身の教育責任の中でそうした教育の設計を試みようとする大学、カレッジに対し、とりわけ、有能で責任感の強い自治体のリーダーシップへのニーズに直接対応しようとする専門職学位プログラムに対し、その参考に供するものとする。

本ガイドラインの目的

　本ガイドライに示す諸提案は、自治体における「行政(administration)」が、一般の公共行政の理念を共有し、なおかつ自治体に固有の価値を包含する専門職に基礎づけられた公共行政の構成要素である、との確信に裏打ちされている。専門職としての自治体経営は、プロフェッショナリズム概念と歴史的に密接に結びついてきた熱意、奉仕、献身、無私無欲といったあらゆる伝統的価値が体現される必要がある。この「専門職」こそが、専門職としての公共サービスの概念を初めて唱道したウッドロー・ウイルソン(Woodrow Wilson)の1887年のエッセィ "sacred trust" の叙述を高度に履行できる職なのである。

　自治体の行政官は、日常的に、選挙で選ばれた上司や自治体住民との密接なつながりの中で職務を遂行しているという点において、他のレベルの行政官とは区別される。彼らは、「草の根」レベルでの「民主主義のゆりかご」を保持しこれを擁護しなければならないだけではなく、極めて多様な他の異なる専門職のもたらす公共サービスを管理・調整すると共に、公共サービスの受給者と直接的かつ手を携え合いながら、サービスの提供状況を評価することが求められている。

　自治体の保有する資源の活用は、他の政府レベルの場合と比べ、より厳しく査定さ

れているという現状に鑑み、自治体活動は、極めて経済効率的に進められる必要がある。自治体の行政官は、たとえ小さな自治体の場合であっても、多様な能力を身につけていることを、また、他の政府レベルでは極めて高位にある若干名の行政官にしか見られないような多様な「関係」を取り結んでいることを、形で証明していかなければならない。

　こうした意味において、自治体の経営者は、地域の生活を擁護しその質を高めることに身を捧げる専門職としての公務員なのである。彼らは、民主主義の庇護の下にある地域住民と、自治体における民主主義の理念の尊重・発展のために貢献する専門職の一員でもある。

　このような理念に支えられた専門職が効果的にその職務を遂行し得る唯一の方策は、その専門職に就こうとする人々に対し、そのための養成教育を行う大学と密接な連携関係を追究・構築していくことである。一方、こうした専門職も、学生に対し、民主主義の政治的価値原理を植えつけ、専門的な知識・技術を習得させ、当該専門職の目的・理念の遂行を可能ならしめるよう、そのための教育プログラムの開発に際し、大学と共同してその営に当たらなければならない。

　本ガイドラインは、上記の目的に資するために策定されたものである。それは、ICMAとNASPAAの代表が参集して起草し承認されたものである。本ガイドラインは、アクレディテーションやサーティフィケーションの基礎として活用するために作られたものでも、自治体経営教育におけるただ1つのモデルを提示しようとしたものでもない。否、むしろそれは、自治体における経営・行政に役立つような教育内容・方法を開発・改善しようとする教育プログラムに対し、一の指針を提供しようとするものであり、それ故に、政治プロセスや経営・行政プロセスにおける民主主義の目的・理念のほぼ完全な成就をも目指したものである。本ガイドラインに示す諸提案は、専ら地方自治を扱う教育プログラム、主に地方自治を扱う教育プログラムに対し、とりわけ有効である。

　　カリキュラム

　自治体経営分野における専門職業人養成のためのカリキュラムは、公共政策修士学位プログラムに関するNASPAAの評価基準を基礎に設計するものとする。NASPAAの評価基準におけるコア・カリキュラムの要件は、専門職業人としての自治体経営者にとって必要とされる知識・技能をカバーしている。

　NASPAAが提示するカリキュラムに包含されるコースが、自治体経営に関するカ

リキュラムのコアとしても同時に機能し得るためには、自治体経営を学ぶ学生たちが、自治体を取り巻く諸条件や自治体行政においてどのような点に特徴が見出されるかを修得できるような、自治体の概念や検討課題、ケース事例の組合わせによるものであることが必要とされる。連邦政府や州政府の過去の経験に依拠する知識やケース事例から全てが（もしくはその大部分が）成り立っているコースでは、十分とは言い得ない。自治体を取り巻く環境・条件には独自のものがある。例えば、自治体にあっては、パートタイム勤務で、かつ、特定の党派に属していない公選のオフィサーに相当程度の責任・権限が付与されているが、そうしたことは、他の公権力体には見られない。自治体経営教育では、こうした自治体経営の固有性を認識させるようなものでなければならない。

　自治体経営の分野について言えば、ここに提示するモデルは、専攻科目を修める前提としての、上述の構成要素と密接に結びついた固有のコア・カリキュラムモデルへ傾斜することを積極的に容認している。こうしたことから、このモデルは、自治体経営に係るコア・カリキュラムを、専門職業人としての自治体行政官のニーズに合致するようなものとして編成する必要性を示唆している。そこで、以下に示す「必要不可欠の知識 (substantive knowledge)」と「経営上のスキル (management skills)」は、NASPAAの提示する共通カリキュラムの構成要素の内容を一層充実させる役割を担わせる目的で設定した。このコア・カリキュラムを構成するコースのマトリックスは、〈付表A〉（省略）に示してある。

　このモデルは、自治体における意思決定過程や行政運営に関する知識を学ぶことを欲している他の専門職業人養成系教育プログラムに籍を置いている学生のニーズにも対応しうるような、自治体経営に係るコース開発のガイドラインとしても活用出来る。

「必要不可欠の知識」の列記

　自治体経営の分野におけるカリキュラムは、自治体の経営者が、地域社会に生起する諸問題に絶えず注意を払うことを必要とする点でとりわけ変化に敏感であること、そうした諸問題の解決に向け、率先して改善の模索を行うとともに、民主的な政治プロセスにとって必須とされる自治体行政官の役割を十分認識しながら常時行動しなければならないということ、という点の承認が基礎に据えられていなければならない。

　高度専門職業人としての自治体行政官を養成するためのNASPAAのカリキュラム基準には、付加的要素や強調されるべき要素が存在することも含め、次のような事柄が含意されている。

1 **経営と行政** — 自治体の行政官は、卓越したマネージャであるとともに、また卓越したアドミニストレータでなければならない。自治体という組織の中にあって、彼らは、職員に対し指導力を発揮し、改善・改革案を策定するとともにそれを実行に移し、様々な部署（その中の幾つかは、公選のスタッフが長に据えられていたり、市民の中から任命された者から成る審議機関が置かれていたりする）の活動を組織編成し全体に亘り調整し、生産性を高め、職員のパフォーマンスに対する評価基準のガイドラインを設定しなければならない。彼らは、また、自治体と公選のオフィサー、住民との橋渡し役の役目を果したり、自治体及び関係する団体や機関との連絡役としての役目も担う。

2 **住民への責任と地域政治** — 自治体の行政官は、公選のオフィサーの役割・特徴、理事機関と行政官との間の諸関係の性格を理解すべきである。そうした事柄の中には、各地域レベルに固有の政治活動のパターン、地域における短期滞在者、長期滞在者それぞれの政治行動、単一目的指向の政治動向が当該自治体に及ぼす影響、各地域レベル毎に見られる政治文化・風土の違い、行政官と政治の世界との適切な関係、自治体横断的な政治動向の性格、などが含まれる。

　上記のこととは別に、しかし同様に重要なこととして、自治体経営者は、政治プロセスが、ダイナミックに恒常的な変化を遂げているということ、専門職業人としての自治体経営者の行動は、こうした変化に応じ、軌道修正を余儀なくされる場合があるということ、自治体経営者として成功を収めるためには、個々人の政治スタンスの変化はもとより、政策変更にも対応できる能力をもつことが要請されるということ、を理解しておかなければならない。こうした目的を達成させるため、自治体経営者は、ICMAの策定に係る「倫理綱領（Code of Ethics）」とこれに付随するガイドラインに、実務的に精通しておくことが求められる。

3 **政策形成と政策分析** — これらの領域は、公共政策教育の基本的な構成要素である。これらは、また、専門職業人としての自治体行政官の養成教育にとっても重要である。しかしながら、自治体の行政官を養成するための教育プログラムは、自治体レベルの違いに応じ、政策形成及び政策分析の考え方や手法の適用の仕方に差異があることに注意が払われなければならず、そのことは、とりわけ、小さな自治体の場合に妥当する。政策形成プロセス、政策分析の結果の活用者、政策分析のためのリソース、こうしたプロセスや活動が派生する環境・条件は、各地域レベル毎に異なっている。学生たちは、そうした違いを敏感に感じ取るとともに、そうした違いに伴い調査手法にいかなる差異が生じるのかということや、そうしたことが政策

形成・展開の局面にどう作用するのか、といったことに対し、十分な自覚を持たなければならない。

4　**行政を支える価値原理** ── 自治体は、アメリカ民主主義の草の根レベルで活動を行っている。特に重要なのは、自治体の行政官は、民主社会を支える専門職業人たる「行政官」が担うべき責任にしっかりと根ざしているということ、リーダーシップ発揮における自身の責任、とりわけ、短期的な公共利益と長期的な公共利益の両方の利益に対応する責任を担っていることを自覚する必要があるということ、である。

5　**行政官として保持すべき倫理観** ── 倫理に関わる問題は、自治体に固有のものではないが、自治体のリーダーは、通常の場合、自治体を構成する人々とじかに接して行動しており、その結果として、政治的かつ倫理的なプレッシャを受けやすい立場に置かれている。自治体の行政官は、NASPAAのカリキュラム・モデルの中で強調された倫理的価値観をどう活用すべきかを知るとともに、ICMAの「倫理綱領」を十分に理解しその十全な適用を図るべきである。加えて、自治体の行政官は、倫理上の問題にいつどこで直面することになるのかを予測するとともに、そうした倫理上のジレンマにどう対処するのかについても考えておくべきである。最も重要なことは、自治体職員や公選のオフィサーが誠実性を持って行動しうるよう、その術を把握するとともに、自治体として政策上の検討を行い、日々、実際の活動を展開していく中で、倫理に関する諸原則をうまく活用できるよう適切なケース事例の想定をしておくことである。結論的に言えば、自治体の行政官は、日常的に行政実務を遂行していく上で、倫理観を如何にうまく活用するか（一例を挙げれば、相手に屈するべきときとそうでないときとを切り分けるということなど）ということを認識しておく必要がある。

6　**市民参加と地域住民との関係** ── 自治体と地域住民との関係については、深く考慮することが必要である。おそらく、連邦政府もしくは州政府と住民との関係以上に、そうした考慮が必要であろう。なぜなら、自治体は、地域住民とじかに接しているからである。「市民(citizens)」という立場にある地域住民は、自治体の執行権者に対して助言を行う理事会もしくは委員会のメンバーとして、サービスの提供を受ける消費者もしくは顧客として、さらには、サービスの共同提供者として、政策形成に関与させることが必要とされている。自治体の行政官は、地域の多様な社会構成層のニーズに敏感でなければならない。また、市民参加を含む諸活動には、そうした多様な社会構成層の代表者が常に関与するよう措置しておかねばならない。地域住民を対象としたプログラムが成功を収め、自治体のイニシアティブが地域住

民から受け入れられるためには、地域住民とメディアの双方に対して、自治体の掲げる目的・目標とそのための活動に関する情報が十分に提供されることが必要である。

7 **自治体横断的な諸関係** ― 自治体の行政官は、地方横断的な関係、地域横断的な関係、地方と州との関係、地方と連邦政府との関係に意を払うことが必要である。自治体の行政官は、また、「私」に属する非営利セクターとの効果的な相互関係の構築の必要性を充分理解するとともに、自治体の意思決定過程に私的組織体の関与を認めることに伴う問題、公共サービスを私人が用意することに伴う問題の存在をよく認識しておくべきである。連邦制の仕組みが、連邦政府→州政府→自治体といったプロセスから成り立つものと考える伝統的な立場は、自治体こそが公共サービスの第一次提供者である（多くの場合、そうした公共サービスが連邦法制や州法の体系と整合しており、外部からの限定的資金供与がある場合もあれば、そうしたものが一切ない場合もある）、と位置づける現代的考え方によって修正されなければならない。

8 **立法に関わる行為** ― 自治体の執行権者は、自治体行政に影響を及ぼすような州政府の政策、連邦政府の政策の策定に関与する州議会や連邦議会との連携の下で、公共的な役割を果すことがますます重要となっている。こうした役割の重要性に伴い、自治体のリーダーたちには、上記のような立法機関の動向に精通し、かつ、自治体の構成員の福利を促進させる方法で、これら立法機関と相互に交流し合える能力を身につけることが求められている。

9 **計画策定行為** ― 広範な分野で計画を策定（土地活用に関する計画にとどまらず、財政計画、人事計画、サービス提供機能強化のための将来戦略や長期計画の策定にまで及ぶ）することは、1990年代のニーズに対応できるよう自治体経営を展開していく上で是非とも必要なことである。

10 **自治体立法** ― 自治体の行政官にとってとりわけ重要なことは、土地活用、区割り、健康と安全、基本法の具体的実施といった活動領域に適用される自治体立法や州法、連邦法に精通するということである。規則の制定と運用に関する行政法、公共責任法、市民サービス／職員の公共活動に関わる行政法にも、また、注意の目が向けられねばならない。自治体組織や権利・権限付与の根拠となるような法規も、重視されるべきである。

11 **都市経済政策** ― 自治体の行政官は、経済システムに加え、土地活用、開発、建設、貧困、雇用、運輸、環境保護といった経済分野をも理解しておく必要がある。自治体の行政官にとって、国家経済、国際経済の場において、当該自治体がどのよ

うな位置付けを与えられているかということを理解することが、ますます必要とされている。

12　**都市の占める領域** ─ 都市の占める土地の広さは、経済及び経済的基盤、商業用並びに産業用の用地、そしてとりわけ住宅用地として、伝統的に、自治体の第一次的な関心事であった。自治体の行政官は、当該自治体の目的・目標を迅速に達成していくためにも、こうした土地の質、とりわけ居住用地域の生活基盤の質に対して及ぼす影響の諸要因を把握しておかなければならない。

13　**人的資源** ─ 自治体における労働集約型の諸活動において、「人」は、最も重要な要素である。職員人事が、様々な重要な関係を産み出すことにもなるので、行政官は、自治体における人事行政の構造・手続をよく把握しておくべきである。とりわけ、彼らは、自治体における全ての被雇用者のモチベーションの向上、能力開発、人事評価に関与するとともに、当該自治体の職員が地域住民のことを真剣に考え所要の配慮を行うようにさせるための措置の開発・運用にも関わるべきである。

14　**財務会計及び財政運営** ─ 自治体の行政官は、予算編成にとどまらず、それ以外の業務にも従事することが必要である。会計報告書や財務報告書に精通すること、財務状況を査定すること、創造的な財務テクニックや資本金勘定の処理方法、キャッシュ・マネジメントを習得すること、の全てが必要不可欠である。それらの事項は、いずれも、歳出入に関する政策形成と関わっているので、自治体の行政官は、公共財政及び租税政策に関する基本原理を理解していなければならない。

15　**地域住民の生活の動向** ─ 自治体の経営者は、都市社会学、都市の歴史、人口統計学、集団間関係論、自治体構造論に関する一般的知識を修得しておくべきである。

16　**人間・社会サービス** ─ 心身の健康、人種及び民族間の関係、年齢、住居、教育、レジャー・サービス、経済上の好機並びにその他生活を営む上で考慮すべき事項の質といった人々の生活に関わる諸課題の解決への努力が、連邦政府の関心事であるにとどまらず、自治体においても重要となってきている。こうした諸課題の解決に向けたプログラムやサービスを企画・立案しそれらを提供することが、次第に自治体の関心事となっている。自治体経営者は、こうした問題が惹起された環境・条件に注意を注ぐとともに、そうした環境・条件を改善するためのサービス提供の好機とそれに伴う障壁をも理解しておかなければならない。

17　**人種及び民族の多様性** ─ 自治体経営者となるための養成教育を受けようとする女性やマイノリティに属する学生の増加を図ること、女性やマイノリティに属する自治体教育プログラムの教員の増加を図ること、これらは共に、自治体経営に従事

する女性やマイノリティに属するスタッフを増やしていく上で、また、自治体経営の訓練を受けたスタッフの間に、自治体から直接的に役務の提供を受ける広範な住民のニーズ、関心事、動向、物の考え方に対する深い感性を涵養していく上で、必要不可欠である。女性やマイノリティに属する人々の代表が、自治体における政策形成プロセスに効果的に関わることも必要である。こうした目的を達成するため、自治体は自身の作成に係るプログラムを通じ、女性やマイノリティに属する人々を、当該プログラムの教員に加えたり、外部講師、インターンの管理責任者、専門職業人としての助言者、その他の教育要員として遇するなど、彼らをプログラムに関与させるため積極的な努力を払わなければならない。

「経営上のスキル」の列記

自治体の行政官に対しては、NASPAAの評価基準に記されている全ての経営上のスキルを求めるものとする。彼らは、専門職業人としてのスキルを欠き、関連する教育上のバックグラウンドを有していないかもしれない一般市民や公選のオフィサーに対し、意味内容が十分に伝わる言葉を用いて、情報やデータ、様々な意見・見解を分析し、その結果を伝達することが出来なければならない。これに加え、次のようなスキルの涵養が図られるべきである。

1 **政治的視点からの分析力** ── 自治体の行政官は、転変する自治体の政治動向を理解するため、枢要な政治的事象を把握し政治認識を涵養できるようなアンテナを張らなければならない。彼らは、地域の政治集団とその政治姿勢、政治理念の変化、潜在的な政治上の課題に関する唯一の情報源として、自治体の公選オフィサーの情報に頼りすぎるべきではない。
2 **合意形成と紛争解決の能力** ── 自治体の行政官は、利害が相反するグループと仕事を進めるに当り、「理論」のみで相手を説得できると考えてはならない。彼らは、グループ横断的な合意形成術を駆使し、仲裁や和解のための諸原理を援用しながら、「政治的仲介者(political brokers)」として活動すると共に、相対立する利害関係を持ち異なる考え方に立っている人々を仲裁するための、交渉術を活用する能力を身につけなければならない。
3 **将来戦略計画の策定能力** ── 自治体の行政官は、当該自治体に影響を及ぼす環境・条件の変化に対処し、自治体が意思決定を行う際の系統的かつ磐石な基本方針の確立に向け、効果的な将来戦略計画を策定するための基本知識、手続、ツールを習得

しなければならない。

4   組織を設計・開発し経営する能力 — 自治体は、他の公共サービスの提供者と比べ、「顧客(clientele)」と身近に接すると共に、他の政府レベルと比較しても、様々な社会的、経済的背景を持つ人々とじかに接して活動を行っていると言える。その結果として、自治体は、公共サービスを用意しそれらを全体に亘り調整していく上でリーダーシップを発揮し、また、近郊地域を含む地域全体の生活の質を高めるべく、地域の公共サービス提供者に対しその旨を督励するという独自の責務を担っている。自治体の首長は、こうしたサービスの提供状況を監督し全体に亘りその調整を行うためのほぼ全責任を担っていることから、組織を設計・開発し経営するスキルを身につけていなければならない。そして、当該自治体の地区内はもとより、当該自治体を包含する地域の枠組みの中で活動する公共サービス提供者、私的サービス提供者に対しても、そうしたスキルが駆使できなければならない。

5   長期財政計画の策定能力 — 公的セクターへの財政支出増に対する社会の反発が強まっていることと相俟って、自治体の担う責任はより大きなものとなっており、自治体経営者は将来の歳出入に係る計画を注意深く正確に、また内容豊かなものに練り上げていくことが不可欠となっている。さらに自治体経営者は、潜在的な資金の獲得に向け、これまでのものと異なる広範で新たな財的資源に熟知すること、キャッシュ・マネジメントや資金収支予算編成に精通すること、当該自治体における長期的な財政上の健全化と安定化に資するよう設計された収入増将来戦略を会得すること、が不可欠となっている。こうした目的を達成させるため、自治体経営者養成教育では、学生に対し、公的セクターの予算に関する事項にとどまらず、広範な財政政策上のツールにも十二分に精通させると共に、彼らに対し、長期的財政計画の必要性と政策立案方法をよく教え込んでおかなければならない。

6   情報技術を使いこなす能力 — 自治体の行政官は、情報やデータを集計、蓄積、分析するために用いる電子情報システムの最新動向を把握しておかなければならない。彼らは、こうしたシステム活用の卓越したエキスパートとして、情報技術の運用、その運用を通じて得た結果の解析、その運用を通して得た成果の効果的活用といった事柄をいつの時点でどのようにして行うのか、という点についての見通しを立てておくべきである。

7   情報を組織化し分析し評価する能力 — 自治体の行政官は、大量の情報を迅速に検証・評価する能力と共に、自治体の執行権者と地域住民が政策論争を行う際に広く使用出来るよう、それらの情報を組織化し配信する能力を身につけなければならない。

8 資源獲得能力 — 今日、自治体の行政官に対しては、州政府や連邦政府からの補助金に加えて、非政府組織や財団からの外部資金やその他の支援を獲得することに長けていることが必要である。

9 マーケティング能力 — 自治体は、個別具体の構成住民への公共サービスも含め、広範な公共サービスの提供者としての役割がますます大きくなっているので、マーケティングにより精通するか、さもなくば潜在的なユーザに付与すべきサービスや利益に関する公共情報を配信することに一層長けていく必要がある。

10 自治体経営教育は、大学に開設された他分野の専門職大学院教育プログラムに置かれたコースをも包含するカリキュラムを通して展開されるべきである。政治科学やビジネス管理といった公共政策に関する学習体系の中に伝統的に組み込まれてきた専門分野に加え、とりわけ、法律、人間・社会サービス、土木工学、労働関係、計画策定、運輸といった他の専門職大学院教育プログラムで教授される知見が、自治体経営教育においても活かされるべきである。

上記のような提案を体現したカリキュラムが、NASPAAの評価基準に準拠したカリキュラムと整合させる方法については、＜付表A＞（省略）を参照のこと。

教員団

自治体の行政官を養成するためのカリキュラムは、自治体経営に照準を当てた系統的視点から組み立てられていることが必要である。こうした教育プログラムを担うに相応しい教員団は、自治体経営に関する専門的な知見・技能を開拓・蓄積してきた研究者、自治体経営者とプロフェッショナルな立場で定期的な関わりを持っている人々、自治体に関するケース事例を題材にするコースを担当できる多様な分野の専門職業人であり研究者でもある大学教員、さらには、自治体行政官として専門的な経験を重ねてきた人々、で構成するものとする。

自治体行政を教授する教員団は、公共政策大学院に係るNASPAAの評価基準に適合していなければならない。そうした教員団は、自治体経営教育に関するニーズを充たす上で、上記評価基準に加え、次のような基準をもクリアすべきである。

1 自治体経営教育に従事する教員団は、多様な個々人で構成されるべきである。すなわち、その教員団は、公共政策、政治科学、計画策定、社会学、経済学といった専門分野のフルタイム教員並びにフルタイムの自治体行政官で構成されるべきであ

る。両者いずれも、自治体の現下の情勢や地域ニーズ、さらには自治体経営の把握の上に立って常に先の見通しを持つことの出来るような能力を身につけていなければならない。フルタイム教員、フルタイムの自治体行政官それぞれの、先の見通しに対する考え方の違いは重要である。学生たちは、その各々の価値観を把握し理解すると共に、両者の間にある考え方の違いを識別すべきである。また、公選オフィサーや市民組織のリーダーたちに対しても、外部講師その他の教育要員として、恒常的に当該教育プログラムと関わりをもってもらうようにすべきである。

2 フルタイム教員は、この教育プログラムの機軸を成している。理想を言えば、これらフルタイム教員は、専門職業人としての立場で、自治体に関与しておくべきである。彼らは、恒常的に、自治体経営や関連する諸課題を対象とする研究に従事し、研究成果の公表をしていくべきである。また、個々的に、自治体行政官と仕事上のつながりを維持すべきである。彼らは、地域の政治集団に属する人々から提起される実務上の課題や倫理問題をも、充分認識しておくべきである。こうした行為を、自治体経営者との専門的見地に立った相互関係の確立の代用物として位置付けてはならない。もしそうであれば、そうした行為は、専門職業人としての行政官、公選オフィサーとの効果的な連携関係を構築することへの阻害要因として機能する。

3 パートタイム教員、任期付補助的教員(adjunct faculty)も、また、極めて重要な役割を演じている。彼らは、仕事場や実務経験で培った知見のほかに、メンターとして、学生の成長のため非常に重要な役割を担っている。しかしながら、この種の教員に対しては、こまめな指導・監督を行うこと、所要の教育上のアドバイスや支援を提供すること、当該教育プログラムの正教員が設定した教育目標・単位認定要件と整合するような目標・要件設定の手助けを行うこと、も必要である。

4 結局のところ、自治体は、地域の全ての住民のために活動を行わなければならない。従って、自治体経営者は、様々な人種的、民族的背景を持つ人々と専門職的立場から関わり、相互関係を構築していく能力を有していなければならない。自治体経営教育に従事する教員団は、「教師(teachers)」、「講義担当者(lecturers)」、「インターンシップ管理者(internship supervisors)」、「メンター(mentors)」として教育を行う様々なタイプの専門スタッフを駆使することによって、そうした学生の能力を十二分に高めていくことが出来る。こうしたことから、自治体経営教育プログラムは、その教育プログラムのあらゆる部面において、学生が多様な教育スタッフに接することが出来るよう、そのための教育スタッフに係る募集・選抜プログラムを企画・実行することが是非必要である。こうした目的を達成するため、自治体教育プ

ログラムは、自身の教員団の構成において、女性やマイノリティに属する人材を引き寄せると共に、そうした多様な教員が、過去のキャリアを教育の現場で活かせるような魅力あるキャンパス環境を整えるための積極的な努力をしなければならない。そうした目標に向かって、NASPAAの評価基準を補いその解釈の幅を拡充するために策定したNASPA"Diversity Guidelines（多様性に関するガイドライン）"が、自治体教育プログラムに対しても厳格に適用される必要がある。

インターンシップ

活用法

自治体の経営スタッフとの連携の下で、学生に実地体験をさせるインターンシップは、実務経験のない学生にとって、自治体経営教育における中核部分を成している。このような理由で、実務経験を持たない学生のインターンシップに係る提案は、NASPAAの正規の評価基準の定める要件に比して、いくらか厳しいものとなっている。自治体の行政官は、多くの場合、他の政府レベルの行政官の場合と比べると、より早い段階で、広範な責任を担うことが求められている。彼らは、公選のオフィシャル及び地域住民からのプレッシャーや詮索に身をさらしながら、実務をこなしていく中で広範な知識やスキルを敏速に身につけていくよう求められている。インターンシップは、一般行政に係るものであれ、個別行政に係るものであれ、実務家の指導のもので助言や教育が行われるものであり、教室内学習を通じて学んだことを検証し、その中身をより豊かにしていく好機となっている。

自治体経営の一角を担い、もしくはその途上にある学生にとっても、インターンシップは価値ある体験である。インターンシップは、彼らの知見をより豊かにし、経営や行政に対する新たなアプローチを彼らに供与し、行政の経験を積むのとは別の形で、彼らに対し、専門職業人への道筋を提供し得るであろう。

インターンシップは、第一次的かつ主要な教育上の実務経験の場である。インターンシップを統括する教員、当該行政機関のインターンシップ管理者の双方が、実習生を具体的に指導していく中で、教育者としての職責を果さなければならない。とりわけ、インターンシップ管理者に対しては、公に承認された教育実践のトレーニング（例えば、授業で学んだ理論的知識を現場にどう応用していくべきかということ、そうした知識を、問題解決、人と人との間の相互関係、コミュニケーション、職務達成の局面でどう用いるべきかを明らかにして見せること、など）を受ける中で、教育者

としての役割を自覚させると共に、実習生に対する教育責任を涵養していくべきである。

インターンシップは、実務経験のない学生に対する専門職業人養成教育の必須的要素でなければならず、また、自治体経営の業務について日の浅い学生にもインターンシップから未だ多くのことを学ばせる必要があることから、これに接する機会が確保されていなければならない。

制度設計

インターンシップは、その教育上の目的を達成するため、次のようなものとして、制度設計していくことが必要である。

1　**長期にわたる経験の必要性**　可能な限り、少なくとも、フルタイムで6か月間、パートタイムで1年間という期間を設定すること。期間設定が短ければ、学生に対し、様々な活動を観察しこれらに参画する十分な経験を積ませることはできない。それでは、学生を受け入れている自治体の組織的、政治的な文化・風土を、学生に十分に理解させる上であまりに時間が足りなさ過ぎる。またそれでは、行政が営まれる1年間に発生する各季節毎に異なる事象を把握することすら出来ない。長期に亘って現場に身を置いた実習生の方が、特別の仕事やプロジェクトに従事した短期訪問者に比べ、実践的な行政スタッフとなることが出来るようである。
2　**異なる責任を負う職掌をこなす必要性**　自治体経営の実習生は、広範な経営に係る諸問題や様々な職務をこなすと共に、自治体経営に関する日々の職責を全うし、長期研究とその成果報告書の作成も期待されるべきである。実習生には、また、当該自治体の内外の他の専門職業人や地域住民との相互交流が求められると共に、政治集会や政治プロセスへ立ち会う機会、専門職業人の職能団体の活動に参加する機会が与えられるべきである。特定のプロジェクトや局限された任務をこなすだけのインターンシップでは、広い視野に支えられた高度専門職業人としての自治体経営者を養成する上で十分とは言い得ない。
3　**賃金支給のなされる職務**　インターンシップを財政面から支援している組織体の場合、所要の時間を超過して、実習生をより有効に活用すると共に、より充実したインターン指導を行い、かつ、専門職業人養成の見地に立って実習生により多くのことを求めているようである。
4　**本来のあり方として、大学院生を単独に実習生として受け入れる必要性**　学士

課程の学生と大学院生を混在させたインターンシップは、高度専門職業人養成教育プログラムに不可欠とされる自治体行政に関する有効な体験学習を提供する機会には、あまりなり得ないようである。

インターンシップ教育プログラムは、幾つかの異なるモデルに従って行われている。次に、その幾つかを例示する。

1　1年間のフルタイム・モデル　実習生が、1学年暦もしくはそれ以上の期間、インターンシップにフルタイムで従事するモデル（カンサス大学モデル）。
2　1年間もしくはそれ以上の期間に亘るパートタイム・モデル　実習生が、大学院課程の教育プログラムの履修と並行させて、自治体でインターンシップに従事するモデル（北イリノイ大学モデル）。
3　ローテーション・インターンシップ・モデル　インターンシップに係るコースの期間中、学生は、一つの自治体における多くの異なる部署に配属されるモデル（フェニックス大学、アリゾナ大学モデル）。
4　複数の自治体でインターンシップに従事するモデル　学生が、予め作成された進行表に従い、1年のコース期間中に、2つ以上の異なる自治体でインターーシップに時間を割くモデル（パームスプリング大学、カリフォルニア大学モデル）。
5　実務経験のない学生のためのインターンシップ・モデル　実務経験の全くない学生、異なる環境下で、行政実務の体験をすることを欲している学生のために、行政実務の経験が出来るよう設計されたモデル（デラウェア大学モデル）。

これらモデルの詳細な説明については、その長所と問題点の検討も含めて、〈付表B〉（省略）に掲記している。

実務経験のない学生と実務に従事しもしくはこれに従事した経験を持つ学生との混合教育

実務経験のない大学院学生と実務に従事しもしくはこれに従事した経験を持つ大学院学生とを同じクラスで教えることが、最適の教育環境と言える。双方の学生が、互いに他方から学び合う場ともなる。こうした教育環境は、彼らの物の見方、考え方や将来見通しについて広範に意見交換が出来る雰囲気も醸成する。

学士課程教育との関係

　自治体経営を対象とする専門指向型、高度専門職養成指向型の教育は、大学院（もしくはその修士課程レベル）のみで営まれるべきである。適切な高度専門職業人養成教育は、広範なバックグラウンドを持つ学士課程教育と専門的で高度職業人指向の大学院教育との有機的連関の中で、最良の効果を挙げることが出来る。
　自治体経営の専門職を目指そうとする人々のための学士課程教育は、次のようなものであるべきである。

1　そのための学士課程教育は、政治科学、経済学、社会学、文学、哲学、会計学、エンジニアリングといった学士課程レベルの広範かつ多様な学問分野に根ざしたものであるべきである。学士課程教育のこうした多様性が、専門職業人としての資質を高め、大学院において広範かつ多角的な視野から授業に臨むことを保証する。
2　そのための学士課程教育は、人や文化に関する学習と共に、科学技術の理論、技術力に関する学習を充実すべく、リベラル・アーツに確固とした根を張る学士課程教育プログラムによって基礎づけられているべきである。

資料4

アクレディテーションの方針

― 同僚評価/アクレディテーションに関する方針と手続 ―

(2007/07/05 改訂版)

(早田　幸政　訳)

1－0　はじめに

1－1　「全米公共政策大学・大学院協会（National Association of Schools of Public Affairs and Administration, NASPAA)」は、「公共政策（public affairs/policy/administration)」分野における教育の改善、研修、研究に貢献することを目的とするプロフェッショナルな教育団体である。NASPAAは、公共サービス教育の持続的な発展と質の維持を図るため、ピア・レビューのプロセスとアクレディテーションの仕組みを構築した。

1－2　1977年、NASPAAは、公共政策分野における高度専門職修士学位に関する基準を承認すると共に、同学位プログラムに関する自立的なピア・レビュー・プロセスの開発に着手した。1986年、「中等後教育アクレディテーション協議会（Council on Postsecondary Accreditation, COPA)」（現在の「高等教育アクレディテーション協議会(Council on Higher Education Accreditation)」の前身の組織）が、NASPAAを、公共政策分野の修士学位教育プログラムを対象とする「専門分野別アクレディテーション機関(specialized accrediting agency)」として認証したことに伴い、それまでのピア・レビュー・プロセスは、アクレディテーションのプロセスへと転換した。1980年から1986年にかけて、NASPAAのピア・レビューの洗礼を受けて名簿に登載された教育プログラムは、自動的に、アクレディテーションの地位を取得した。

アクレディテーションの地位を新規に求めもしくはその地位を更新しようとするあらゆる種類の学位プログラムは、「公共政策に関する専門職修士教育プログ

ラムに関する評価基準(Standards for Professional Masters Degree Programs in Public Affairs/Policy /Administration)」の適用対象となる。

　アクレディテーションに関わる審査・評価は、NASPAA内に置かれた「同僚評価/アクレディテーション委員会(Commission on Peer Review and Accreditation, COPRA)」によって行われる。その審査・評価は、教育プログラムが行う「自己評価(self-study)」及びCOPRAとその訪問調査を通じた検証の組み合わせでなされる。高度専門職修士学位基準に適合している教育プログラムは、「アクレディットされた教育プログラムに関する年次登載名簿（Annual Roster of Accredited Programs)」に載せられる。NASPAAは、特定個人や団体などがこの名簿を活用することに伴って生起する義務や責任を引受けることは一切しない。

1-3　同僚評価/アクレディテーションのプロセスにおける各ステップ毎のデッドライン（NASPAAの会費や特別手数料の支払いなどを含む）は、そのプロセスを先に進めていくため、教育プログラム自身がきちんと守らなければならない。そのことを前提に、上記・年次登載名簿への登載が考慮されるのである。

1-4　COPRAのメンバーは、自身の所属する教育プログラムが審査・評価プロセスに係属していれば、同案件に係るあらゆる決定への参加が禁止される。COPRAのメンバーが、潜在的な利益相反関係にある場合も同様である。

1-5　同僚評価/アクレディテーションに係るプロセスの誠実性と機密性を保つため、COPRAのメンバー、訪問調査チーム、事務局スタッフ、その他同プロセスに関与した人々は、当該教育プログラムをどう評価したかということを、他人に漏らしてはならない。

1-6　同僚評価/アクレディテーションのプロセスに直接関係する文書は、以下の通りである。

1．「同僚評価及びアクレディテーションに関する方針と手続」。
2．「公共政策に関する専門職修士教育プログラムに関する評価基準」。
3．「自己評価要領」。
4．「訪問調査のための手引き」。
5．「公共サービスに関するインターンシップのガイドライン」。

6.「MPA学位プログラムの内の「公共管理部門（Public Works Administration）」養成コースに固有高度専門職修士課程の開発に関するガイドライン」。
7.「多様性に関するガイドライン」。

1-7　新たにアクレディテーションの申請をしもしくはその地位の更新を希望する教育プログラムは、COPRAが、評価基準が充たされている旨の決定を行いまた基準未充足の箇所があるかどうかの検証を行えるよう、完全かつ詳細な情報をCOPRAに対し、系統的に提供しなければならない。

1-8　アクレディテーションの地位の取得・更新を希望する各教育プログラムに対する評価を行うに際し、COPRAは、その結論の根拠を、当該教育プログラムの全体的な質、ミッションの達成状況、評価基準の実質的な充足状況、教育プログラムに固有のミッションに支えられた当該教育プログラムの全体的な質、といった点に求めるであろう。評価基準からの逸脱が見られた場合、それは、当該教育プログラムのミッションとミッションの具現化に伴う大きな成果、という観点からのみ正当化が可能である。COPRAが、アクレディテーションの是非に係る総括的判断を行うに当り、評価基準が如何に充足されているのかということと、教育プログラムに固有のミッションに支えられた当該教育プログラムの全体的な質がどの程度の高さにあるかということ、の両者のバランスを考慮する。

2-0　アクレディテーション申請の要件

2-1　同僚評価/アクレディテーションの申請資格は、次の要件を充たすNASPAAの機関会員に対して認められている。
　2-11　教育プログラムが、少なくとも1年間、NASPAAの会員であること。
　2-12　修士学位プログラムが、少なくとも4年間、運用されていること。
　2-13　NASPAAの年会費を払っていること。
　2-14　アクレディテーションに要する特別手数料と訪問調査団受け入れに伴う費用を支払うこと。

2-2　アクレディテーションの地位を維持し、「アクレディットされた教育プログラムに関する年次登載名簿」に引き続きリストアップされることを望む教育プログラムは、次の要件を充足させなければならない。

2-21　年会費を払うこと。

2-22　COPRAに対し、4月15日（もしくはCOPRAが指定する日）までに年次報告書を提出すること。この報告書により、当該教育プログラムの保有する資源、教員団、管理運営、カリキュラムに関する情報が提供されなければならない（セクション11.0参照）。

3-0　COPRAの委員

3-1　COPRAは、一部任期の重なる3年任期の12名の委員で構成される。

3-2　COPRAの委員は、秋に開催されるCOPRAの委員総会に先立ち、NASPAAの副会長により指名され、理事会（Executive Coucil）により承認される。

3-3　COPRAの委員中、欠員が生じれば、NASPAAの会長が、後に理事会で承認を受けることを条件に、欠員補充の人事を行う。

3-4　COPRAの委員のうちの1名は、公益を代表する「公益委員（public memmber）」でなければならない。COPRAの委員は、研究者、実務家の双方を代表している。

3-5　COPRAの委員の1名が、毎年、NASPAの理事会の中から選任される。

3-6　COPRAの委員長は、NASPAAの副会長により指名され、理事会により承認される。

3-7　COPRAの公益委員には、会議出席に要する航空運賃と日当が支給される。

3-8　NASPAA会員の中から選ばれる7名のCOPRA委員に対しては、COPRAの夏の委員総会への出席に要する航空運賃が支給される。

3-9　COPRAの委員は、その在職期間中、審査・評価が係属する教育プログラムの専属のコンサルタントとして活動してはならない。

4-0　手数料

4-1　同僚評価/アクレディテーションのための手数料は、NASPAAの理事会によって定められ、定期的な見直しが行われる。この手数料は、教育プログラムが申請書と自己評価報告書を提出する際に支払うものとし、その年の9月15日を支払期限とする。この手数料は、払い戻しが出来ない。

4-2　教育プログラムは、訪問調査に要する経費負担もしなければならない。NASPAAは、訪問調査団の各メンバーに対し、立替負担した金額を支弁した後、訪問調査にかかった経費明細票を、当該教育プログラムに直接送り届ける。

4-3　NASPAAの機関会費と同僚評価/アクレディテーションの手数料は、「アクレディットされた教育プログラムに関する年次登載名簿」にリストアップされている教育プログラムの用務に供するものとして支払うべきものである。

5-0　アクレディテーションの地位を新規に取得しもしくは
その地位を更新しようとする際の申請書と自己評価報告書

5-1　同僚評価/アクレディテーションのプロセスに関する資料は、COPRA事務局から入手可能であるし、NASPAA（www.naspaa.org）のウェブサイトにも載っている。当該プロセスに関する一般的な質問には、NASPAAの教学部長（Academic Director）もしくはCOPRAの委員長が答える。

5-2　アクレディテーションの地位を新規に取得しもしくはその地位を更新しようとする際の申請書は、訪問調査が予定される年の8月15日を期限に、NASPAAの教学部長宛に提出しなければならない。この申請書には、大学の学長、プロボスト、教学担当副学長もしくは教学執行役員のほか、NASPAAに対する当該大学の代表者の署名が必要である。指定する締切期限後も9月1日までは申請書の受付を行うが、その際、遅延料として300＄を支払う義務が発生する。9月1日以降、申請書は一切受理しない。

5-3　会費が適切に支払われているNASPAAの会員から提出された申請書のみを

受理する。各教育プログラムは、アクレディテーション申請を行う資格が発生する前の1年間、上記の如く、適切に対応することが求められる。

5－4　申請書に添え、当該教育プログラムの自己評価報告書第1巻を8部、便覧、パンフレット各5部を提出するほか、アクレディテーション受審手数料を支払わなければならない。また、教育プログラムは、NASPAAに対し、自己評価報告書第1巻のPDF（Adobe Acrobat）をメールで送らなければならない。同第2巻(シラバス及び担当教員の業績書を収録)も、PDFによりメールで送り届けられる必要がある。

5－5　自己評価報告書は、指定する「自己評価報告書様式(Self-Study Report Form)」に準拠して作成すると共に、そこには申請書提出時の直近の年のデータが含まれていなければならない。具体的には、8月15日を期限として提出される自己評価報告書には、申請書提出時の直近のデータを含めなければならないし、自己評価実施期間に効力を有していた「方針と手続」に関する記述が記載されていなければならない。

　もし、自己評価報告書に記載される「方針と手続」が、自己評価実施期間中には未だ有効ではなく、訪問調査の行われる年からその効力が発生するという場合、「方針と手続」の記述は、自己評価報告書第2章に載せ、そうした変更がなされたことを立証する書類を添付するものとする。COPRAの評価は、訪問調査が実施される年の初めの時点における当該教育プログラムの状況を基礎に行われ、訪問調査団がその確認をする。

5－6　COPRAの総務部長(Managing Director)は、自己評価報告書を受け取ると、そこに齟齬がないかどうかを事務的に確認する。もし、アクレディテーションの地位の更新時期にある教育プログラムが、その申請をしない場合、COPRAは、その地位を剥奪する。

6－0　COPRAによる自己評価報告書の審査・評価

6－1　COPRAは、NASPAAの年次総会の折に、自己評価報告書の事前分析を行い、「中間報告書(interim report)」を当該教育プログラムに提示する。この中間報告書は、提出された報告書が妥当な内容のものか、当該教育プログラムは一応、

NASPAAの評価基準を充たしているように見えるか、という点に焦点が当てられている。この評価を通じ、COPRAAが、当該教育プログラムの目的、管理組織、教育プログラムの管理、カリキュラム、教員団、学生の入学、それに教育プログラムを維持するための適切な支援サービスに関する基準を充たしているとの結論を示すと、当該教育プログラムは、差し当たり、NASPAAの評価基準を充足し得ていると看做される。

6-2　アクレディテーションの地位の新規取得もしくはその地位更新に係る最終結論を俟つことなく、COPRAは当該教育プログラムに対し、「中間報告書」に沿って改善のための助言を行い、訪問調査チームが審査・評価するポイントを具体的に提示する。

6-3　アクレディテーションの新規取得を申請した教育プログラムに対し、COPRAは、訪問調査を延期し、明らかとなった問題点や評価基準未充足の箇所を是正していくため所要の措置を講ずるようアドバイスを行うことが出来る。訪問調査の延期により、当該教育プログラムとして、弱点を補正した上で、次の評価サイクルに臨むことが可能となる。その場合、追加的な評価手数料を支払う必要もない。次の評価サイクルに入るに当り、どのような改善を行ったかが明示的に記された修正版自己評価報告書の提出が求められる。

7-0　訪問調査チームメンバーの登録

7-1　NASPAA会員で、公共政策分野における専門職修士学位を提供する教育プログラムの代表者は、高い資質を備えた教員を「訪問調査チームメンバー登録者名簿(Site Visit Team Roster)」の登載者に推薦するよう求められている。NASPAAの賛助会員に対しては、公共行政のカリキュラムに習熟した高い資質を持つ実務家を推薦するよう要望する。推薦状には、COPRAの指定に係る様式に従って作成された1枚分の履歴書を添付するものとする。NASPAAに対する当該教育プログラムの代表者は、上記名簿への登録資格が与えられているので、1枚分の履歴書を提出しなければならない（NASPAAの会長、副会長及びCOPRAの現任委員は、訪問調査チームメンバーになる資格はない）。

7-2　訪問調査チームの一員になるため、その被推薦者は、訪問調査ワークショッ

プに出席し、NASPAA作成のCD-Rom「訪問調査トレーニングとアクレディテーション(Site Visit Training and Accreditation)」でそのためのトレーニングを受けなければならない。このほか、過去においてCOPRAの委員であった被推薦者、過去5年以内に訪問調査チームのメンバーであった被推薦者は、そのまま、訪問調査チームの一員に加わることが出来る。

7-3　訪問調査トレーニングに係るワークショップは、NASPAAの年次総会に併せて、もしくはCOPRAの指定する時期・場所で開催される。

8-0　訪問調査

8-1　COPRAは、当該教育プログラムとの協議に基づき、主査と高い資質を備えた2名の人々から成る訪問調査チームを選任する。複雑な教育プログラムが審査・評価の対象となる場合、大きな規模の訪問調査チームが編成される。訪問調査チームの編成に当り、当該教育プログラムの性格、当該教育プログラムが所在する場所、人種等の多様性、評価チームメンバーの専門的知識・技能（ここには、実務家の実務経験も含む）が考慮される。

8-2　訪問調査は、1月1日から3月31日の間でスケジュールが組まれる。訪問調査は、『訪問調査のための手引き』に従い、2～3日かけて行われる。『訪問調査のための手引き』にもそのアウトラインを示しているように、訪問調査チームを受け入れる教育プログラムは、それに要する経費を負担しなければならない。

8-3　訪問調査チームの主査は、訪問調査報告書作成の任を負っている。教育プログラムには、調査チームの報告書原案に対し反論する機会が与えられている。調査チームの最終報告書、教育プログラムからの反論書及びその他関係の書面が、COPRAの夏の委員総会の折に検証に付される。訪問調査報告書の作成期限と構成法については、『訪問調査のための手引き』の中で説明がなされている。

9-0　新規にアクレディテーションの地位を取得しようとする
教育プログラムに対するCOPRAの決定

9-1　COPRAは、NASPAAの「公共政策に関する専門職修士教育プログラムに関

する評価基準」に適合していることが確認された教育プログラムが掲載される「年次登載名簿」を確定し、これを公表する。

9-2　初回のアクレディテーションの受審を申請した教育プログラムの代表者に対しては、COPRAによりアクレディットされた旨の決定、アクレディテーション拒否の決定、もしくは、「年次登載名簿」の公表に先立ち、当該教育プログラムが所要の改善を行うまで1～2年間結論を先送りする旨の決定、のうちのいずれかの決定を、書面を以って通知する。

9-3　初回のアクレディテーションの受審を申請した教育プログラムの代表者は、「中間報告書」、「訪問調査報告書」、COPRAがアクレディット（有効期間7年）する旨の決定通知書、もしくはその決定を1年間保留する旨の通知書、アクレディテーション拒否の通知書の各写しを受け取る。

9-4　初回のアクレディテーションの受審を申請し、NASPAの専門職修士学位教育プログラム評価基準に適合していると判定された教育プログラムは、「アクレディットされた教育プログラムに関する年次登載名簿」に、7年間登載される（アクレディテーション地位を維持していくための手続を定めたセクション11.0「アクレディットされた教育プログラムに対する年度評価(Annual Review)」を併せ参照のこと）。

9-5　初回のアクレディテーションの受審を申請した教育プログラムについて、もしCOPRAが、特定の評価基準が未充足の状態にあり、その改善には1～2年要するので「年次登載名簿」に載せるのは時期尚早であると判断した場合、COPRAは、最終決定の時期を先延ばしし、COPRAの勧告に係る矯正措置を講じた後、当該教育プログラムが次回以降のアクレディテーションのサイクルに入ることを容認する。当該教育プログラムが、次回以降のアクレディテーションのサイクルに入るに当り、どのような改善がなされたかの記述が付加された修正版自己評価報告書の提出が求められる。

9-6　COPRAは、修正版自己評価報告書を検証し、そこに新たに盛り込まれた事実関係を明らかにするため、訪問調査が必要かどうかの判断を行う。

9-7　もし訪問調査が必要であるということになると、COPRAは、訪問調査チームの規模と実施スケジュールを確定する。『訪問調査のための手引き』にもそのアウトラインを示しているように、訪問調査チームを受け入れる教育プログラムは、それに要する経費を負担しなければならない。

9-8　「年次登載名簿」に登載するかどうかの最終決定は、COPRAの次回の夏の委員総会でなされる。

10-0　アクレディテーションの地位を更新しようとする教育プログラムに対するCOPRAの決定

10-1　現在アクレディットされており、新規にその地位の更新を目指す教育プログラムは、本公式文書の示すように、自己評価報告書を提出し訪問調査を受けなければならない。その地位の更新を目指す教育プログラムは、新規申請の場合同様、徹底的な審査・評価を受けることになろう。地位更新を目指す教育プログラムに対するCOPRAの決定は、1)7年もしくは1年アクレディテーションの地位を更新する、2)アクレディテーション申請を撤回させる、3)「アクレディットされた教育プログラムに関する年次登載名簿」から当該教育プログラムを登録抹消する、のいずれかとなる。

10-2　もし、COPRAが、現在アクレディットされている教育プログラムについて、予定されている審査・評価スケジュールの先延ばし要請に合理的理由があると判断した場合、COPRAは、アクレディテーションの有効期限を1年延長し、次回のアクレディテーションの審査・評価サイクルに入るよう求める。先延ばし要請書は、自己評価報告書の提出を求めている年の6月1日までに提出しなければならない。提出が締め切り期限後になされると、300$の遅延料を課する。

10-3　もし、COPRAが、アクレディテーションの地位の更新のための審査を受けている教育プログラムについて、基準未充足の箇所があり、その改善に1年を要すると判断した場合、COPRAは、これを1年間に限りアクレディットすることが出来る。

10-4　1年間のアクレディテーションの地位更新が認められた教育プログラムは、

次回のアクレディテーションの審査・評価サイクルに入るに当り、修正版自己評価報告書提出が義務付けられる。COPRAは、この修正版自己評価報告書の内容を検証し、そこに書かれている事項につき、事実関係を明らかにするため訪問調査を必要とするかどうかの決定を行なう。もし訪問調査が必要であるということになると、COPRAは、訪問調査チームの規模と実施スケジュールを確定する。『訪問調査のための手引き』にもそのアウトラインを示しているように、訪問調査チームを受け入れる教育プログラムは、それに要する経費を負担しなければならない。

10-5 「年次登載名簿」に登載するかどうかの最終決定は、COPRAの次回の夏の委員総会でなされる。

10-6 COPRAが、もしそこで、先に1年間のアクレディテーションの地位更新を認めた教育プログラムをあらためてアクレディットした場合、更新後のアクレディテーションの有効期間は、6年となる。

10-7 アクレディテーションの地位の更新申請をしている教育プログラムの代表者と教学部長（Chief Academic Officer）には、「アクレディットされた教育プログラムに関する年次 登載名簿」への登載に先立ち、書面で結果が通知される。大学の代表者と大学の教学部長には、訪問調査報告書、7年もしくは1年のアクレディテーションの地位更新を認める旨の最終決定文書、アクレディテーションの地位更新を拒絶する旨の最終決定文書の各写しが届けられる。

11-0 アクレディテーションの地位更新に向けたアクレディットされた教育プログラムに対する年度評価

11-1 7年間のアクレディテーションの地位が与えられた教育プログラムは、4月15日までもしくはCOPRAによって指定された日までに、「年次報告書(annual report)」を提出しなければならない。そこでは、当該教育プログラムの保有する資源、管理組織、及びカリキュラムについて、先のアクレディテーションの決定時以降、実質的に変化はないかあるいは実質的な変更がなされているかどうかが、明らかにされなければならない。年次報告書は、当該教育プログラムに係る永久保存版のアクレディテーション文書ファイルに綴じられる。アクレディテー

ションの地位を維持していく上で、この年次報告書の提出とNASPAAの会費の納入が不可欠である。もし、既にアクレディットされている教育プログラムが、自主的にNASPAAの会員資格を返上すれば、アクレディテーションの地位を含め、その会員資格に付随する全ての権利を喪失する。また、COPRAは、その教育プログラムを、「アクレディットされた教育プログラムに関する年次登載名簿」から抹消する。

11-2　COPRAの判断として、もし、当該教育プログラムが、その保有する資源、管理組織、及びカリキュラムについて、実質的な変更を行っていた場合、こうした変更に関わる追加情報の提供を求める。

11-3　COPRAは、新たな情報や追加情報を基に、当該教育プログラムが評価基準を十分には充たしていないため、次回のアクレディテーションの審査・評価サイクルに入るべきであるとの決定を下すことがあるかもしれない。その教育プログラムが、次回のアクレディテーションの審査・評価サイクルに入るに際し、修正版自己評価報告書の作成が必要となる。この場合、アクレディテーションの受審に伴う、手数料の納入は求めない。

11-4　COPRAは、この修正版自己評価報告書の内容を検証し、そこに書かれている事項につき、事実関係を明らかにするため訪問調査を必要とするかどうかの決定を行う。

11-5　もし訪問調査が必要であるということになると、COPRAは、訪問調査チームの規模と実施スケジュールを確定する。『訪問調査のための手引き』にもそのアウトラインを示しているように、訪問調査チームを受け入れる教育プログラムは、それに要する経費を負担しなければならない。

11-6　「年次登載名簿」に登載するかどうかの最終決定は、COPRAの次回の夏の委員総会でなされる。

12-0　異議申立

12-1　COPRAが、教育プログラムからのアクレディテーションの新規申請を拒否

し、また、その地位の更新を拒否し、もしくはその地位を取り消すに当り、当該教育プログラムに対しては、その決定に対し「異議申立(appeal)」を行う権利が認められている。

12-2　COPRAの決定に対し異議申立を行おうとする教育プログラムは、アクレディテーションに関する結果報告書の通知文書を受理した日から15日以内に、NASPAAに対し、当該教育プログラムを設置する大学の長の署名入りの趣意書を提出するものとする。

12-3　専門職修士学位教育プログラムは、次に示す事由に該当する場合についてのみ、異議申立をすることが出来る。

・COPRAの決定が専断的、主観的であるか、もしくは、その決定の基礎となった記録文書中に、決定を正当化する実質的な証拠が見出せない場合。
・その決定に至る手続が、公にされているCOPRAの「方針と手続」や確立された慣習に背反しているか、もしくは、そうした手続的な齟齬により、当該教育プログラムの審査・評価に対し悪影響が及んでいる場合。

12-4　異議申立の対象となっている決定以前に、COPRAに適切に提出された証拠のみが、異議申立の際に検証に付される。新たな証拠を、異議申立の場に提出することは出来ない。定められた期日内に、異議申立趣意書、異議申立に要する手数料もしくは異議申立理由書を提出出来なかった場合、異議申立は却下され、COPRAの決定が最終的に確定する。

12-5　NASPAAの事務局長(executive director)は、異議申立趣意書をCOPRAに回付する。COPRAは、異議申立審査会(Appeal Board)を基礎に、5名から成る検討班を発足させ、当該教育プログラムから提起された異議申立の検証に当らせると共に、異議申立に伴うヒアリングの実施日を確定する。COPRAは、当該教育プログラムに対し、異議申立検討作業班(appeal panel)が設置され、ヒアリング実施日が確定したことを伝達する。異議申立検討作業班の構成やヒアリング方法に関する手続事項に対する「異議（objection）」の申立ては、当該教育プログラムが書面で、NASPAAの事務局長に対して行うものとする。事務局長は、この文書をCOPRAに回付する。この問題に対し、COPRAの行った決定が最終的なもの

となる。

　異議申立検討作業班は、異議申立審査会のメンバーの中から選任される。その会議体は、アクレディテーションのプロセスに関与した経験をもつ公共政策分野の大学教員や実務家その他高い資質を備えた人々により構成されている。異議申立検討作業班のメンバーは、COPRAの現職の委員であってはならない。また、不利な決定がなされたとして異議申立を行っている教育プログラムのアクレディテーション・プロセスに、何らかの形で関与した者であってもならない。

12-6　異議申立検討作業班のメンバーの許には、ヒアリングの14日前までに、次の書面が届けられる。

・「中間報告書」、訪問調査報告書、アクレディテーションに関わる決定通知書、異議申立の根拠となっている事実関係が記されたその他の文書。
・当該教育プログラムから提出された異議申立趣意書。
・もし、不利な決定が、当該教育プログラムに対して行った訪問調査の結果に依拠しているのであれば、異議申立理由に対する訪問調査チーム主査の反論書。もしくは、異議申立理由に対するCOPRAからの反論書。

12-7　ヒアリングでは、当該教育プログラムの代表者に対し、異議申立の理由を説明するためのプレゼンテーションの機会が与えられる。プレゼンテーションは、最低でも30分の時間をかけて行うことが出来る。また、異議申立検討作業班のメンバーも、当該教育プログラムの代表者に対し、異議申立理由について質問を発することが出来る。

　当該教育プログラムは、自身の経費負担において、ヒアリングの状況を記録する録画やオーディオのための機材を利用することが出来る。COPRAは、そのための手はずを整えるものとする。当該教育プログラムは、ヒアリングに法律顧問を出席させるという方途を選ぶことも出来る。また、当該教育プログラムは、異議申立検討作業班からのヒアリングに出席する権利を放棄し、COPRAの許にある記録文書や当該教育プログラムの異議申立理由書の検討を通じて異議申立手続が進められるよう、求めることも出来る。

12-8　異議申立検討作業班は、ヒアリングを基に結論を出すに当り、会合を開き、そこで証拠の検証を行い、当該教育プログラムから提起された異議申立に対する

決定を下す。異議申立検討作業班は、COPRAの当初決定を支持することも、差戻すことも出来る。当該教育プログラムは、ヒアリング実施日から30日以内に、異議申立検討作業班の決定とその根拠・理由を文書で受け取る。

12-9　もし、異議申立検討作業班が、COPRAの決定を支持した場合、COPRAの決定は、異議申立に対する同作業班の決定を記した通知文書の日付を以って、その効力が最終的に確定する。もし、異議申立検討作業班が、この件をCOPRAに差戻した場合、COPRAは、同作業班の結論及び差戻しが相当と判断した根拠・理由について、直近に開催される会議の場で検討を行う。

12-10　COPRAの決定と当該教育プログラムからの異議申立のいずれもが機密事項であり、当該教育プログラムのアクレディテーションの地位は、COPRAに対する異議申立もしくはCOPRAへの決定の差し戻しに関する件が最終決着を見るまで、引き続き維持される。

13-0　アクレディテーションの決定に係る情報の公開

13-1　COPRAは、毎年、「公共政策系教育ジャーナル(Journal of Public Affairs Education)」で、「アクレディットされた教育プログラムに関する年次登載名簿」を公表する。加えて、最も新しい登載名簿は、NASPAAのウェブサイト(www.naspaa.org)で閲覧可能であるし、要請があれば、これをメールで伝達することも出来る。

13-2　COPRAはNASPAAの理事会に対し、アクレディットされた教育プログラム名とアクレディテーションの地位の有効期限が列記され、かつ、自発的にアクレディテーションの地位を返上した教育プログラム名やアクレディテーションの地位の更新が拒否された教育プログラム名が明示された年次報告書を提出する。年次報告書は、理事会会議議事録に添付され保存されると共に、NASPAAの会員には、送付手続がとられる。またそれは、要請があれば、社会一般の人々も入手可能である。

13-3　また、COPRAは、公共政策教育に関する今日の基本方向や発展方向を記載した年次報告書を、同僚評価/アクレディテーションに係るプロセスの一環としてNASPAAに提出する。この報告書も、NASPAAの会員に送られるほか、当該

分野の実務家やその分野の関係団体にも届けられる。

13-4　COPRAは、会員校数を維持し、かつ、アクレディテーションに関する情報を社会一般の人々に提供し続けることを目的に、アクレディテーションの在り方全般を考えるセッションを催すことが出来る。

14-0　「アクレディットされた教育プログラムに関する年次登載名簿」に登載されていることを明示するためのガイドライン

14-1　NASPAA内に設置されているCOPRAは、公共政策分野における修士学位プログラムをアクレディットする専門分野別アクレディテーション機関であることが、「高等教育アクレディテーション協議会（Council on Higher Education Accreditation,CHEA）」により、認証されている。NASPAAは、会員校の要望に沿って、「公共政策に関する専門職修士教育プログラムに関する評価基準」に適合している修士学位プログラムを、「アクレディットされた教育プログラムに関する年次登載名簿」を通じ社会に公表している。NASPAAの年次登載名簿に当該教育プログラムが載っていることを学生便覧や要覧に明示することを希望する会員は、次に示す文例のいずれかを選択してこのことを行わなければならない。

" ○○修士学位プログラムは、NASPAAに置かれるCOPRAによってアクレディットされており、NASPAAの評価基準に適合していることを示す「アクレディットされた教育プログラムに関する年次登載名簿」にも載っている。"

" ○○修士学位プログラムは、NASPAAがアクレディットした学位プログラムである。"

" ○○修士学位プログラムは、「公共政策に関する専門職修士教育プログラムに関する評価基準」に適合しているもののみが登録される「アクレディットされた教育プログラムに関する年次登載名簿」に載っている。

" NASPAAの中に置かれているCOPRAは、専門分野別アクレディテーション機関であることが「高等教育アクレディテーション協議会（CHEA）」により認証され、公共政策分野の修士学位プログラムをアクレディットする権限が認められ

ている。〇〇修士学位プログラムは、NASPAAがアクレディットした学位プログラムである。"

「公共政策に関する専門職修士教育プログラムに関する評価基準」に適合しているとして「アクレディットされた教育プログラムに関する年次登載名簿」に、現時点で登載されている学位プログラムは、当概学位プログラムのアクレディテーションに係る地位について言及するに際し、学生便覧や要覧において、適切な表現でその旨を表記すべきである。

14-2　公表した文書や資料を通じ、アクレディテーションに関わる地位を偽って伝えた教育プログラムには、COPRAから、そうした誤りを訂正する手段を講ずべきこと、公表形式による訂正がなされたらその旨をCOPRAに連絡すべきこと、が通告される。

14-3　もし、COPRAの委員長もしくはNASPAの事務局長が、「アクレディテーションの地位」について直接言及しているわけではないとはいえ、そうした地位を留保している旨を暗にほのめかす表現で自らを喧伝している非会員の教育プログラムの存在を知らされた場合、事務局長は、当該教育プログラムに対し、文言上の誤りを訂正する手段を講ずべきこと、公表形式による訂正がなされたらその旨をNASPAA事務局に連絡すべきこと、を通告する。

15-0　アクレディットされた大学についての苦情

15-1　NASPAAは、アクレディテーションに関わる権限行使を承認するCHEAによって認証された他のすべての評価機関同様、アクレディットされた教育プログラムがその質を維持しNASPAAの評価基準を継続して遵守していけるようにしていくことに関心を抱いている一方で、NASPAAもCOPRAも、当該教育プログラムやその教育プログラムを開設している大学に対する消費者の苦情について「情報交換を行う場（clearinghouse）」でもなければ、「仲裁者（mediator）」として立ち振る舞うこともない。COPRAは、あくまでも、アクレディテーション機関であって、学生や教員からの苦情に対し、これを調整する機関でもなければ、上級の裁定機関でもない。

15-2　COPRAは、評価基準の遵守状況を検証するための年度評価(annual review)との関連において、また、当該教育プログラムがNASPAの評価基準に適合し得ていないという憂慮すべき申立てを受けてのアクレディテーションの再審査との関連の中で、当該教育プログラムに対する苦情を受理し所要の評価を行う。

15-3　COPRAは、現在訴訟となっている論争は受理しない。

15-4　COPRAは、匿名による苦情申立てを受理しない。

15-5　苦情申立ての処理手続
　COPRAのスタッフが受理した不服申立て状は、COPRAの委員長の許に回付される。そこで、同委員長は、こうした不服申立て状を精査し、取り上げるに相当しないものや趣旨が明確でないものをふるいにかけた上で、当該教育プログラムが、NASPAAの特定の評価基準について不適合の状況に陥っているとする憂慮すべき申立てを厳選する。
　もし、委員長が、この不服申立て状をCOPRAに回付し、そこで検討すべきであると結論づけた場合、COPRAスタッフは、早速に、不服申立て状の写しとその根拠となっている書類を当該教育プログラムに提示し、出来るだけ早くこれに反論するよう要請する。もし、当該教育プログラムが、評価基準を充たし得ているかそれとも疑われる部分があるかどうかということをCOPRAが評価するに際し、適切な情報を得るための調査が必要であると判断すれば、COPRAの委員長は、更なる調査を行うため、COPRAの下に検証委員会を設置する。

15-6　COPRAの委員長からCOPRAに回付された不服申立て状は、夏の委員総会の場において、アクレディテーションの地位の更新時期にはない教育プログラムに対して行われる年度評価と併せ、その検証がなされる。
　アクレディテーションの地位の更新プロセスに乗っている教育プログラムに対してなされた苦情申立てについては、秋の委員総会の場において、教育プログラムが提出した自己評価報告書と「中間報告書」の起案作業と併せ、同申立て状の検証がなされる。もし、秋の委員総会に向けた評価プロセスのかなり遅い段階で苦情申立て状を受理した場合、その検証は、通常の年度評価のプロセスの進行時期に開催される夏の委員総会の日まで持ち越される。

15-7　有効に受理した苦情に対する実施措置
　もし、COPRAが、その苦情を有効と看做すと共に、評価基準の一もしくは複数の条項につき、不適合があることが苦情申立て状で示し得ていると判断した場合、当該教育プログラムに対し、その旨が2週間以内に伝えられる。
　苦情処理に関わる記録文書及び上記決定は、ファイルに保管され、年次報告書を基に行う年度評価もしくはアクレディテーションの更新プロセスのうちのいずれか早い時期に行われる評価プロセスの中で、他の書面と併せ検証に付される。そこに掲記された情報は、教育プログラムのアクレディテーションの地位の是非の審査を目的に、あくまでもCOPRAが定期的に実施する評価活動の一環として、所要の検証がなされるのである。

.資料5

訪問調査時の
インタビュー対象者別聴取り調査事項一覧
〈NASPAA『訪問調査のための手引き』より抜粋〉

(早田　幸政　訳)

A．当該教育プログラム関係者以外の同一大学関係者とのインタビュー

- 当該教育プログラムのミッションはどのようなものか。
- 当該教育プログラムの教員、管理スタッフは、当該教育プログラム及び将来発展に向けた計画を定期的に評価しているか。
- 当該教育プログラムとして誇れるのは、どの部分か。
- 学生、教員、プログラムの責任者の質は、どの程度のものか。
- 当該教育プログラムは、活力を発出しているように見えるか。
- 当該教育プログラムは、当該大学に大きく貢献しているか。
- 当該教育プログラムは、その開設母体であるデパートメントやスクールにより、また設置者である大学により、教学面、財政面の双方に亘り、十分な支援を受けているように見えるか。
- 当該教育プログラムが、大学の支援サービスを容易に受けられる状況にあるか。
- 当該教育プログラムと他のデパートメント、スクール、教育プログラム、その他大学の他の構成部門との共有領域は何か。
- 当該教育プログラムは、「優先処遇(affirmative action)」への対応の必要性について了解しているか。
- 当該教育プログラムは、卒業生に就職の斡旋をすること以外に、公共サービスに貢献する必要性（例えば、優れた研究成果を挙げること、コンサルタント業務やこれに類するサービス業務を行うことなど）を理解しているか。

■ 当該教育プログラムは、助成財団による支援の下に、優れたプロジェクトを実施しているか。
■ この教育プログラムは、将来どうなると思うか。

B．当該教育プログラムの管理者に対するインタビュー

■ 当該教育プログラムを運用するため、教育プログラム内部に、どのような効果的な管理体制が構築されているか。
■ 長期計画といったものが存在するか。それはどのようにして実施に移されるのか。
■ 最も多くの学生が登録しているのは、当該教育プログラムのうちのどの集中コースもしくは専門コースか。
■ 当該教育プログラムには、助成財団の資金が投入されているか。
■ 当該教育プログラムの予算編成プロセスを明らかにせよ。教員の募集、能力開発、昇進・昇格、終身在職権付与、給与額の決定に関する基準と実施手続は、どのようになっているか。
■ 「優先処遇」に関する実施プログラムや実施計画はあるか。任期付教育補助教員(adjuncts)や外部講師を含む教員団における多様性を確保するために、「優先処遇措置」が計画され、実施に移されているか。
■ 公共サービスに従事している実務家との教員の交流の状況について、どのような感想を抱いているか。
■ あなたを補佐する諮問会議の記録として、どのようなものが存在したか（そうしたものがあった場合のみ）。
■ 教員の果すべき全責任を、各教員間でどう分担していくのが望ましいと考えるか。とりわけ、望ましい授業負担のあり方について、どう考えるか。その理由は何か。
■ 直近の年度の教員の退職者について、退職理由をどのように考えているか。とりわけ、当該教育プログラムにとどまることをあなたが希望していた教員について、その退職理由をどのように考えているか。
■ 過去5年間において、当該教育プログラムに対し、どれほど重要な改善・改革策を講じてきたか。
■ もし、当該教育プログラムの財的資源が20%増加していれば、その増加分をどう使うことを考えるか。

- 当該教育プログラムにおいて、専門コースが、如何にして新設され、拡張・縮小され、消滅していったか。
- 業務に就くことを含め、インターンシップの管理は、学生の関心、学生による評価、認定単位数との関係で如何にして行われているか。
- 学生募集、とりわけ女性やマイノリティを募集するためにどのような努力を払っているか。こうした努力は、どの程度成功してきたか。マイノリティの学生は、容易に経済的支援を受けられるようになっているか。
- 今後5年から10年の間に、教育プログラムのミッションや特徴について、どのような変更が来たされると考えるか。

C．教員に対するインタビュー

- 部局長及び当該教育プログラムの責任者は、当該教育プログラムに対して何を期待しているか。教員団、卒業生の視点から述べよ。
- 教育プログラムの改善を図るための計画策定過程において、教員はどのような役割を演じているか。教員は、概ね、そうした役割に満足しているか。
- ピア・レビュ・プロセスのことを、いつどのようにして知ったか。
- あなたもしくは他の同僚教員は、自己評価報告書の作成過程に参画したか。
- 当該教育プログラムと密接に関係する事項について行った部局長もしくは当該教育プログラムの責任者の決定が、当該教育プログラム以外の学内の他の部局長や大学幹部によって、大きく修正されるということが起き易い状況にあるか。
- 教員からなるスクール・レベルの委員会、教育プログラム・レベルの委員会が、一部の教員集団によってコントロールされるという状況が常態化していないか。
- 教員の募集、能力開発、昇進・昇格、終身在職権付与、給与額の決定等に関する基準と実施手続は、どのようなものか。これらの基準は、女性教員、マイノリティの教員にどう適用されているか。
- 教員の関心は、現在、教育、研究、サービスのうちのどれに向いているか。
- 部局長もしくは教育プログラムの責任者により教員に対してなされている支援は、大学教員としての目標や問題関心に沿うものとなっているか。
- あなたは、その授業負担が、各教員が担うべき総体的な責任を概ね考慮して、決定されたものである、と言い切ることが出来るか。
- あなたは、過去2年間において、どれだけの数の新規コースに対応させて、授

業準備を行ったか。
- あなたもしくはあなたの同僚が特定の研究領域に関心を抱いている場合、こうした領域の研究に従事させるため、授業負担の軽減措置が講じられたか。
- 自身の基本給及び付加的給与の額が基準に達していると考えているか。
- 「優先処遇」に関し、当該教育プログラムにどのような記録があるか。
- 大学と協力して決定すべき重要事項として、どのようなものが挙げられるか。
- あなたは、この教員団の中で業務を遂行することに、どのような刺激を感じているか。そこで、気をそがれるようなことはあるか。
- あなたは、この教員団の中にとどまることによって、長期的に見て、大学教員として大きく成長できると考えているか。
- これまで出会った「典型的」な学生の特質を、その教育プログラムの目標との関連において述べよ。
- あなたは、一般的に妥当であると考える事務的資源、支援的資源に接し得ているか。
- コンピュータや図書資源は適切かつ常に使える状態になっているか。
- 訪問調査チームから部局長、教育プログラムの責任者、大学の学長に対し、何か伝えてもらいたいことがあるか。もしあれば、一言メッセージを述べよ。

D．学生団体及び卒業生の代表とのインタビュー

- どういう理由で、この教育プログラムを選択したのか。
- この教育プログラムに実際に参加してみて、概ねこれに満足しているか。当初の期待通りのものであったか。満足した点、失望した点を明確に述べることが出来るか。
- 当該教育プログラムの目的・目標を、どのようなものとして理解しているか。そこで展開されているカリキュラムは、これらの目的・目標と整合しているか。
- 今日まで当該教育プログラムに参加した印象として、あなた自身、その教育プログラムが成功を収めると思っているか。
- 当該教育プログラムの構成要素、強み、弱み、カリキュラムに係る学位取得要件は、どのようなものか。
- 当該教育プログラムにおいて、あなたが最も共鳴した教育上の体験をひとつだけ述べよ。
- 全体を眺め渡した上で、あなたにとっての「典型的な」教員とは、どのような

ものか。
- もし、教員評価もしくはコース評価のフォームを、学生たちがいつでも活用できる状態にあるとして、これらの質問の結果に差異が生じたか。そうしたものが存在しない場合、実際に必要と思うか。
- 学生が、教育プログラムの管理や開発に関与しているか。関与しているとして、公式、非公式のいずれか。
- 教育プログラムの開発や変更において、実権を握っているのは、部局長、当該教育プログラムの責任者、教員のうちのいずれであると判断しているか。
- 教学上の支援サービス（図書館、コンピュータに係る設備など）をどう評価しているか。
- 学生サービス（進路相談、就職の斡旋など）をどう評価しているか。
- 当該教育プログラムが、「優先処遇」に関わる要件を充たすために多大な努力を払っていると信じているか（この質問は、「優先処遇」のプログラムに参加している学生はもとより、一般学生にも投げかけるべきである）。
- これまで、学生は、自己評価プロセスにどう関与してきたか。
- 公共サービスの道に進む上で、あなたの受けている教育は効果的であると信じるか。
- 卒業生として、当該教育プログラムにどう関わっているか（卒業生に対する質問）。
  定期的に、何らかの学位課程に関与しているか。
- 当該教育プログラムに参加するかどうかについて、あなたのアドバイスを求める人たちに対し、あなたはどう答えるか。
- 大学の学長、部局長、教員、学生団体のリーダー、潜在的な将来学生（potential new students）、訪問調査チームに対し、何か伝えたいことがあれば、一言メッセージを述べよ。

■著者紹介

早田　幸政（はやた・ゆきまさ）
　中央大学法学部法律学科卒業、同大学院法学研究科博士（前期）課程修了。地方自治総合研究所常任研究員を経て、1985年、財団法人大学基準協会事務局入局。2001年より、大学評価・研究部部長。2003年より、金沢大学大学教育開発・支援センター教授。2004年より、同センター福センター長。
　2008年4月より、大阪大学大学教育実践センター教授
　大学評価・学位授与機構「試行的評価に関する検証委員会」委員（2005年3月まで）、同機構「学位授与に関する外部検証委員会」委員（2008年3月まで）、大学基準協会「『大学評価研究』編集委員会」委員（現在）、日弁連法務研究財団「評価委員会」幹事（現在）、日本高等教育評価機構「短期大学認証評価検討委員会」委員（現在）、短期大学基準協会「調査研究委員会」委員（現在）、文部科学省大学設置・学校法人審議会（大学設置分科会―年次計画履行状況等調査委員会―）専門委員（現在）。

[主な著書・編著書]
　富野暉一郎・早田幸政編著『地域公共人材教育研修と社会的認証システム〔LORC叢書第3巻〕』（2008年、日本評論社）、早田幸政・船戸高樹編著『よくわかる大学の認証評価〔大学機関別認証評価篇〕』（2007年、エイデル研究所）、清成忠男監修・早田幸政編『国立大学法人化の衝撃と私大の挑戦』（2005年、エイデル研究所）、大南正瑛・清水一彦・早田幸政編著、『〈文献選集〉大学評価』（2002年、エイデル研究所）、早田幸政『大学評価システムと自己点検・評価―法制度的視点から―』（1997年、エイデル研究所）、早田幸政訳『アメリカ北中部地区基準協会　大学・カレッジ評価ハンドブック』（1995年、紀伊國屋書店）

「地域ガバナンスシステム・シリーズ」発行にあたって

日本は明治維新以来百余年にわたり、西欧文明の導入による近代化を目指して国家形成を進めてきました。しかし今日、近代化の強力な推進装置であった中央集権体制と官僚機構はその歴史的使命を終え、日本は新たな歴史の段階に入りつつあります。

時あたかも、「国と地方自治体との間の補完性を明確にし、地域社会の自己決定と自律を基礎とする地方分権一括法が世紀の変わり目の二〇〇〇年に施行されて、中央集権と官主導に代わって分権と官民協働が日本社会の基本構造になるべきことが明示されました。日本は今、新たな国家像に基づく社会の根本的な構造改革を進める時代に入ったのです。

しかしながら、百年余にわたって強力なシステムとして存在してきたガバメント（政府）に依存した社会運営を、主権者である市民と政府と企業との協働を基礎とするガバナンス（協治）による社会運営に転換させることは容易に達成できることではありません。特に国の一元的支配と行政主導の地域づくりによって二重に官依存を深めてきた地域社会においては、各部門の閉鎖性を解きほぐし協働型の地域社会システムを主体的に創造し支える地域公共人材の育成や地域社会に根ざした政策形成のための、新たなシステムの構築が決定的に遅れていることに私たちは深い危惧を抱いています。

本ブックレット・シリーズは、ガバナンス（協治）を基本とする参加・分権型地域社会の創出に寄与し得る制度を理念ならびに実践の両面から探求し確立するために、地域社会に関心を持つ幅広い読者に向けて、様々な関連情報を発信する場を提供することを目的として刊行するものです。

二〇〇五年三月

龍谷大学　地域人材・公共政策開発システム
オープン・リサーチ・センターセンター長　富野　暉一郎

地域ガバナンスシステム・シリーズ　Ｎｏ．１１
アメリカ公共政策大学院の認証評価システムと評価基準
　　―NASPAAのアクレディテーションの検証を通して―

2008年3月31日　初版発行　　　定価（本体１，２００円＋税）

　　著　者　　早田　幸政
　　発行人　　武内　英晴
　　発行所　　公人の友社
　　　　　　〒112-0002　東京都文京区小石川5 --26－8
　　　　　　ＴＥＬ 03-3811-5701
　　　　　　ＦＡＸ 03-3811-5795
　　　　　　Ｅメール　koujin@alpha.ocn.ne.jp
　　　　　　http://www.e-asu.com/koujin/

自治体再構築

松下圭一（法政大学名誉教授）　定価 2,800 円

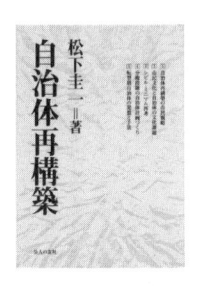

●官治・集権から自治・分権への転型期にたつ日本は、政治・経済・文化そして軍事の分権化・国際化という今日の普遍課題を解決しないかぎり、閉鎖性をもった中進国状況のまま、財政破綻、さらに「高齢化」「人口減」とあいまって、自治・分権を成熟させる開放型の先進国状況に飛躍できず、衰退していくであろう。
●この転型期における「自治体改革」としての〈自治体再構築〉をめぐる 2000 年〜 2004 年までの講演ブックレットの総集版。

1　自治体再構築の市民戦略
2　市民文化と自治体の文化戦略
3　シビル・ミニマム再考
4　分権段階の自治体計画づくり
5　転型期自治体の発想と手法

社会教育の終焉 [新版]

松下圭一（法政大学名誉教授）　定価 2,625 円

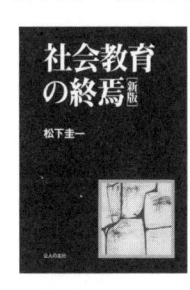

●86年の出版時に社会教育関係者に厳しい衝撃を与えた幻の名著の復刻・新版。
●日本の市民には、〈市民自治〉を起点に分権化・国際化をめぐり、政治・行政、経済・財政ついで文化・理論を官治・集権型から自治・分権型への再構築をなしえるか、が今日あらためて問われている。

序章　日本型教育発想
Ⅰ　公民館をどう考えるか
Ⅱ　社会教育行政の位置
Ⅲ　社会教育行政の問題性
Ⅳ　自由な市民文化活動
終章　市民文化の形成　　あとがき　　新版付記

自治・議会基本条例論　自治体運営の先端を拓く

神原　勝（北海学園大学教授・北海道大学名誉教授）　定価 2,625 円

生ける基本条例で「自律自治体」を創る。その理論と方法を詳細に説き明かす。7年の試行を経て、いま自治体基本条例は第 2 ステージに進化。めざす理想型、総合自治基本条例＝基本条例＋関連条例

プロローグ
Ⅰ　自治の経験と基本条例の展望
Ⅱ　自治基本条例の理論と方法
Ⅲ　議会基本条例の意義と展望
エピローグ
条例集
1　ニセコ町まちづくり基本条例
2　多治見市市政基本条例
3　栗山町議会基本条例

No.9 政策財務の考え方
加藤良重 1,000円

No.10 市場化テストをいかに導入するべきか ～市民と行政
竹下譲 1,000円

朝日カルチャーセンター 地方自治講座ブックレット

No.1 自治体経営と政策評価
山本清 1,000円

No.2 ガバメント・ガバナンスと行政評価システム
星野芳昭 1,000円

No.4 政策法務は地方自治の柱づくり
辻山幸宣 1,000円

No.5 政策法務がゆく
北村喜宣 1,000円

政策・法務基礎シリーズ
――東京都市町村職員研修所編

No.1 これだけは知っておきたい 自治立法の基礎
600円 [品切れ]

No.2 これだけは知っておきたい 政策法務の基礎
800円

都市政策フォーラムブックレット
(首都大学東京・都市教養学部 都市政策コース 企画)

No.1 「新しい公共」と新たな支え合いの創造へ――多摩市の挑戦――
首都大学東京・都市政策コース
900円

No.2 景観形成とまちづくり――「国立市」を事例として――
首都大学東京・都市政策コース
1,000円

シリーズ「生存科学」
(東京農工大学生存科学研究拠点 企画・編集)

No.2 再生可能エネルギーで地域がかがやく
――地産地消型エネルギー技術――
秋澤淳・長坂研・堀尾正靱・小林久
1,100円

No.4 地域の生存と社会的企業
――イギリスと日本との比較をとおして――
柏雅之・白石克孝・重藤さわ子
1,200円

No.5 地域の生存と農業知財
澁澤 栄／福井 隆／正林真之
1,000円

No.6 風の人・土の人
――地域の生存とNPO――
千賀裕太郎・白石克孝・柏雅之・福井隆・飯島博・曽根原久司・関原剛
1,400円

No.20 あなたのまちの学級編成と地方分権
田嶋義介 1,200円

No.21 自治体も倒産する
加藤良重 1,200円

No.22 ボランティア活動の進展と自治体の役割
山梨学院大学行政研究センター 1,000円

No.23 新版・2時間で学べる［介護保険］
加藤良重 800円

No.24 男女平等社会の実現と自治体の役割
山梨学院大学行政研究センター 1,200円

No.25 市民がつくる東京の環境・公害条例
市民案をつくる会 1,000円

No.26 東京都の「外形標準課税」はなぜ正当なのか
青木宗明・神田誠司 1,000円

No.27 少子高齢化社会における福祉のあり方
山梨学院大学行政研究センター 1,200円

No.28 財政再建団体
橋本行史 1,000円 [品切れ]

No.29 交付税の解体と再編成
高寄昇三 1,000円

No.30 町村議会の活性化
山梨学院大学行政研究センター 1,200円

No.31 地方分権と法定外税
外川伸一 800円

No.32 東京都銀行税判決と課税自主権
高寄昇三 1,000円

No.33 都市型社会と防衛論争
松下圭一 900円

No.34 中心市街地の活性化に向けて
山梨学院大学行政研究センター 1,200円

No.35 自治体企業会計導入の戦略
高寄昇三 1,100円

No.36 行政基本条例の理論と実際
神原勝・佐藤克廣・辻道雅宣 1,100円

No.37 市民文化と自治体文化戦略
松下圭一 800円

No.38 まちづくりの新たな潮流
山梨学院大学行政研究センター 1,200円

No.39 ディスカッション・三重の改革
中村征之・大森彌 1,200円

No.40 政務調査費
宮沢昭夫 1,200円

No.41 市民自治の制度開発の課題
山梨学院大学行政研究センター 1,100円

No.42 《改訂版》自治体破たん・「夕張ショック」の本質
橋本行史 1,200円

No.43 分権改革と政治改革 ～自分史として
西尾勝 1,200円

No.44 自治体人材育成の着眼点
浦野秀一・井澤壽美子・野田邦弘・西村浩・三関浩司・杉谷知也・坂口正治・田中富雄 1,200円

No.45 障害年金と人権
—代替的紛争解決制度と大学・専門集団の役割—
橋本宏子・森田明・湯浅和恵・池原毅和・青木久馬・澤静子・佐々木久美子 1,400円

TAJIMI CITY ブックレット

No.2 転型期の自治体計画づくり
松下圭一 1,000円

No.3 これからの行政活動と財政
西尾勝 1,000円

No.4 構造改革時代の手続的公正と第2次分権改革
手続的公正の心理学から
鈴木庸夫 1,000円

No.5 自治体基本条例はなぜ必要か
辻山幸宣 1,000円 [品切れ]

No.6 自治のかたち法務のすがた
政策法務の構造と考え方
天野巡一 1,100円

No.7 自治体再構築における行政組織と職員の将来像
今井照 1,100円

No.8 持続可能な地域社会のデザイン
植田和弘 1,000円

《平成16年度》

No.100 自治体再構築の市民戦略
松下圭一　900円

No.101 維持可能な社会と自治
～『公害』から『地球環境』へ
宮本憲一　900円

No.102 道州制の論点と北海道
佐藤克廣　1,000円

No.103 自治体基本条例の理論と方法
神原勝　1,100円

No.104 働き方で地域を変える
～フィンランド福祉国家の取り組み
山田眞知子　800円

《平成17年度》

No.107 公共をめぐる攻防
～市民的公共性を考える
樽見弘紀　600円

No.108 三位一体改革と自治体財政
岡本全勝・山本邦彦・北良治・逢坂誠二・川村喜芳　1,000円

No.109 連合自治の可能性を求めて
サマーセミナーin奈井江
松岡市郎・堀則文・三本英司・佐藤克廣・砂川敏文・北良治他
1,000円

No.110 「市町村合併」の次は「道州制」か
高橋彦芳・北良治・脇紀美夫・碓井直樹・森啓　1,000円

No.111 コミュニティビジネスと建設帰農
松本懿・佐藤吉彦・橋場利夫・山北博明・飯野政一・神原勝
1,000円

No.115 地方分権改革のみちすじ
ー自由度の拡大と所掌事務の拡大ー
西尾勝　1,200円

地方自治ジャーナルブックレット

No.2 政策課題研究の研修マニュアル
首都圏政策研究・研修研究会
1,359円【品切れ】

No.3 使い捨ての熱帯林
熱帯雨林保護法律家リーグ　971円

No.4 自治体職員世直し志士論
村瀬誠　971円

No.5 行政と企業は文化支援で何ができるか
日本文化行政研究会　1,166円

No.7 パブリックアート入門
竹田直樹　1,166円【品切れ】

No.8 市民的公共と自治
今井照　1,166円【品切れ】

No.9 ボランティアを始める前に
佐野章二　777円

No.10 自治体職員の能力
自治体職員能力研究会　971円

No.11 パブリックアートは幸せか
山岡義典　1,166円

No.12 市民がになう自治体公務
パートタイム公務員論研究会
1,359円

No.13 行政改革を考える
山梨学院大学行政研究センター
1,166円

No.14 上流文化圏からの挑戦
山梨学院大学行政研究センター
1,166円

No.15 市民自治と直接民主制
高寄昇三　951円

No.16 議会と議員立法
上田章・五十嵐敬喜　1,600円

No.17 分権段階の自治体と政策法務
松下圭一他　1,456円

No.18 地方分権と補助金改革
高寄昇三　1,200円

No.19 分権化時代の広域行政
山梨学院大学行政研究センター
1,200円

《平成18年度》

No.112 「小さな政府」論とはなにか
牧野富夫　700円

No.113 栗山町発・議会基本条例
橋場利勝・神原勝　1,200円

No.114 北海道の先進事例に学ぶ
宮谷内留雄・安斎保・見野全・佐藤克廣・神原勝　1,000円

No.56 財政運営と公会計制度
宮脇淳　1,100円

No.57 自治体職員の意識改革を如何にして進めるか
林嘉男　1,000円　[品切れ]

《平成12年度》

No.59 環境自治体とISO
畠山武道　700円

No.60 転型期自治体の発想と手法
松下圭一　900円

No.61 分権の可能性　スコットランドと北海道
山口二郎　600円

No.62 機能重視型政策の分析過程と財務情報
宮脇淳　800円

No.63 自治体の広域連携
佐藤克廣　900円

No.64 分権時代における地域経営
見野全　700円

No.65 町村合併は住民自治の区域の変更である。
森啓　800円

No.66 自治体学のすすめ
田村明　900円

No.67 市民・行政・議会のパートナーシップを目指して
松山哲男　700円

No.69 新地方自治法と自治体の自立
井川博　900円

No.70 分権型社会の地方財政
神野直彦　1,000円

No.71 自然と共生した町づくり　宮崎県・綾町
森山喜代香　700円

No.72 情報共有と自治体改革　ニセコ町からの報告
片山健也　1,000円

No.73 地域民主主義の活性化と自治体改革
矢作弘　700円

No.74 分権は市民への権限委譲
上原公子　1,000円

《平成13年度》

No.75 今、なぜ合併か
瀬戸亀男　800円

No.76 市町村合併をめぐる状況分析
小西砂千夫　800円

No.78 ポスト公共事業社会と自治体政策
五十嵐敬喜　800円

No.80 自治体人事政策の改革
森啓　800円

《平成14年度》

No.82 地域通貨と地域自治
西部忠　900円

No.83 北海道経済の戦略と戦術
宮脇淳　800円

No.84 地域おこしを考える視点
矢作弘　700円

No.87 北海道行政基本条例論
神原勝　1,100円

No.90 「協働」の思想と体制
森啓　800円

No.91 協働のまちづくり　三鷹市の様々な取組みから
秋元政三　700円

《平成15年度》

No.92 シビル・ミニマム再考　ベンチマークとマニフェスト
松下圭一　900円

No.93 市町村合併の財政論
高木健二　800円

No.95 市町村行政改革の方向性　～ガバナンスとNPMのあいだ
佐藤克廣　800円

No.96 創造都市と日本社会の再生
佐々木雅幸　800円

No.97 地方政治の活性化と地域政策
山口二郎　800円

No.98 多治見市の政策策定と政策実行
西寺雅也　800円

No.99 自治体の政策形成力
森啓　700円

No.18 行政の文化化 森啓 [品切れ]

No.19 政策法学と条例 [品切れ]

No.20 政策法務と自治体 阿倍泰隆 [品切れ]

No.21 分権時代の自治体経営 岡田行雄 [品切れ]

No.22 地方分権推進委員会勧告とこれからの地方自治 北良治・佐藤克廣・大久保尚孝 [品切れ]

No.23 産業廃棄物と法 西尾勝 500円

No.25 自治体の施策原価と事業別予算 畠山武道 [品切れ]

No.26 地方分権と地方財政 小口進一 600円

《平成10年度》

No.27 比較してみる地方自治 横山純一 [品切れ]

田口晃・山口二郎 [品切れ]

No.28 議会改革とまちづくり 森啓 400円

No.29 自治の課題とこれから 逢坂誠二 [品切れ]

No.30 内発的発展による地域産業の振興 保母武彦 [品切れ]

No.31 地域の産業をどう育てるか 金井一頼 600円

No.32 金融改革と地方自治体 宮脇淳 600円

No.33 ローカルデモクラシーの統治能力 山口二郎 400円

No.34 政策立案過程への「戦略計画」手法の導入 佐藤克廣 [品切れ]

No.35 98サマーセミナーから「変革の時」の自治を考える [品切れ]

No.36 地方自治のシステム改革 辻山幸宣 [品切れ]

《平成11年度》

No.37 分権時代の政策法務 礒崎初仁 [品切れ]

No.38 地方分権と法解釈の自治 兼子仁 [品切れ]

No.39 市民的自治思想の基礎 今井弘道 500円

No.40 自治基本条例への展望 辻道雅宣 [品切れ]

No.41 少子高齢社会と自治体の福祉法務 加藤良重 400円

No.42 改革の主体は現場にあり 山田孝夫 900円

No.43 自治と分権の政治学 鳴海正泰 1,100円

No.44 公共政策と住民参加 宮本憲一 1,100円

No.45 農業を基軸としたまちづくり 小林康雄 800円

No.46 これからの北海道農業とまちづくり 篠田久雄 800円

No.47 自治の中に自治を求めて 佐藤守 1,000円

No.48 介護保険は何を変えるのか 池田省三 1,100円

No.49 介護保険と広域連合 大西幸雄 1,000円

No.50 自治体職員の政策水準 森啓 1,100円

No.51 分権型社会と条例づくり 篠原一 1,000円

No.52 自治体における政策評価の課題 佐藤克廣 1,000円

No.53 小さな町の議員と自治体 室崎正之 900円

No.54 地方自治を実現するために法が果たすべきこと 木佐茂男 [未刊]

No.55 改正地方自治法とアカウンタビリティ 鈴木庸夫 1,200円

地域ガバナンスシステム・パートナーシップシリーズ
（龍谷大学地域人材・公共政策開発システム オープン・リサーチ・センター企画・編集）

No.1 地域人材を育てる自治体研修改革
土山希美枝　900円

No.2 公共政策教育と認証評価システム―日米の現状と課題―
坂本勝　編著　1,100円

No.3 暮らしに根ざした心地良いまち
野呂昭彦・逢坂誠二・関原剛・吉本哲郎・白石克孝・堀尾正靫
1,100円

No.4 持続可能な都市自治体づくりのためのガイドブック
「オルボー憲章」「オルボー誓約」翻訳所収
白石克孝・レクレイ日本事務所編　1,100円

No.5 英国における地域戦略パートナーシップへの挑戦
白石克孝編・的場信敬監訳　900円

No.6 マーケットと地域をつなぐ
白石克孝編・園田正彦著　1,000円

No.7 政府・地方自治体と市民社会の戦略的連携
―英国コンパクトにみる先駆性
的場信敬編著　1,000円

No.8 財政縮小時代の人材戦略
大矢野修編著　1,400円

No.10 行政学修士教育と人材育成
―米中の現状と課題―
坂本勝著　1,100円

No.11 アメリカ公共政策大学院の認証評価システムと評価基準
―NASPAAのアクレディテーションの検証を通して―
早田幸政著　1,200円

北海道自治研ブックレット

No.1 市民・自治体・政治
再論・人間型としての市民
松下圭一　1,200円

No.5 政策開発の現場から
小林勝彦・大石和也・川村喜芳
［品切れ］

No.7 自治と参加アメリカの事例から
佐藤克廣　［品切れ］

No.8 ［品切れ］

地方自治土曜講座ブックレット

《平成7年度》

No.1 現代自治の条件と課題
神原勝　［品切れ］

No.2 自治体の政策研究
森啓　600円

No.3 現代政治と地方分権
山口二郎　［品切れ］

No.4 行政手続と市民参加
畠山武道　［品切れ］

No.5 成熟型社会の地方自治像
間島正秀　［品切れ］

No.6 自治体法務とは何か
木佐茂男　［品切れ］

No.7 ［品切れ］

《平成8年度》

No.9 まちづくり・国づくり
五十嵐広三・西尾六七　［品切れ］

No.10 自治体デモクラシーと政策形成
山口二郎　［品切れ］

No.11 自治体理論とは何か
森啓　［品切れ］

No.12 池田サマーセミナーから
間島正秀・福士明・田口晃

No.13 憲法と地方自治
中村睦男・佐藤克廣

No.14 まちづくりの現場から
斎藤外一・宮嶋望　［品切れ］

No.15 環境問題と当事者
畠山武道・相内俊一　［品切れ］

No.16 情報化時代とまちづくり
千葉純・笹谷幸一　［品切れ］

No.17 市民自治の制度開発
神原勝　［品切れ］

《平成9年度》

「官治・集権」から
「自治・分権」へ

市民・自治体職員・研究者のための
自治・分権テキスト

《出版図書目録》

公人の友社

112-0002　東京都文京区小石川 5 − 26 − 8
TEL　03-3811-5701
FAX　03-3811-5795
メールアドレス　koujin@alpha.ocn.ne.jp

●ご注文はお近くの書店へ
　小社の本は店頭にない場合でも、注文すると取り寄せてくれます。
　書店さんに「公人の友社の『〇〇〇〇』をとりよせてください」とお申し込み下さい。5日おそくとも10日以内にお手元に届きます。
●直接ご注文の場合は
　電話・ＦＡＸ・メールでお申し込み下さい。（送料は実費）
　　TEL　03-3811-5701　　FAX　03-3811-5795
　　メールアドレス　koujin@alpha.ocn.ne.jp
（価格は、本体表示、消費税別）